Calaf iyo Cugasho

Saxardiid iyo Saxarla

Maxamuud Ibraahim Jaamac (Xaaji)
2021: Soosaarka Koowaad: (First Somali edition)
Xuquuq qormo@Maxamuud Ibraahim Jaamac (Xaaji)

Calaf iyo Cugasho

2021: Soosaarka koowaad.

Daabacaaddu waxa ay gaar u tahay Maxamuud Ibraahim Jaamac (Xaaji).
Qaab ay tahay toona, cidna oggolaansho uma haysato in ay masawirato, daabacdo, guuriso iwm, fasax la'aan

Maxamuud Ibraahim Jaamac (Xaaji)

dalmarbilaal@gmail.com
dalmarbilaal@yahoo.com

Magac: Maxamuud Ibraahim Jaamac (Xaaji)

ISBN: 978-1-80068-042-5

Qoraaga Buugga

Buuggan waxa qoray Maxamuud Ibraahim Jaamac (Xaaji). Qoraagu waa falanqeeye siyaasadeed. Inta badan wuxuu wax ka qoraa marxaladaha kala geddisan ee siyaasadda Soomaalida. Waa suugaanyahan wax ka curiya badaha kala geddisan ee suugaanta Soomaalida.

Waa aqoonyahan haysta shahaadada labaad ee tacliinta sare, kuna qaatay cilmiga Horumarka Bulshada Caalamka (MSc. International Development Studies). Shahaadada koowaadna waxa uu ku qaatay cilmiga iskutolidda siyaasadda dawladda, iyo dadka dawladdu u adeegto (BSc. Public Policy). Intaa waxaa u weheliya, in uu shahaadada tacliinta sare (Certificate of Higher Education) ku qaatay cilmiga arrimaha Horumarinta Bulshada (Community Development). Dhammaan shahaadooyinkan waxa uu ka qaatay Jaamacadda London (University of London, Birkbeck College.) Qoraagu waxa kale oo uu Jaamacaddiisii koowaad ka galay dalka Soomaaliya halkaas oo uu wax ka baran jirey Jaamacaddii Lafoole, waaxdii cilmiga Bayoolojiga.

Buuggani waa kiisii ugu horreeyey ee usoo baxa qaab buug ahaan ah. Qoraagu waxa uu hadda gacanta ku hayaa buuggiisii labaad, kaas oo dhowaan soo bixi doona, haddii Eebbe idmo. Buuggaasi wuxuu la magac baxay *"**Han Madhibaan iyo hagardaamo Aji.**"*

3

MAHADNAQ

Mahadda koowaad waxaa iska leh, Eebbaha weyn ee ii suurtogeliyey, in aan buuggan soosaaro. Mahadda xigta waxaan u naqayaa, haldoorkii Soomaaliyeed ee isku hawlay, kuna guuleystay qorista fartan Soomaaliga ah ee aynu wax isugu soo gudbinayno. Waxaa kale oo aan mahad u celinayaa, dawladdii Soomaaliyeed ee go'aanka ku gaadhay in la qoro farta Soomaaliga, dabadeedna hirgelisay oo ka dhigtay farta rasmiga ah ee dawladda Soomaaliyeed.

Buuggan qoristiisa iyo soobixiddiisaba dad badan ayaa door muhiim ah ka qaatay. Dadkaasi dhammaantood waxa ay iga mudan yihiin inaan ku idhaahdo mahadsanidin. Qoyskaygu waxa ay ka yihiin dadkaas tiir dhexaad. Xaaskaya Rooda Xasan, carruurtayda (Maxammed, Deeqa, Ayaan, iyo Bilaal), mid waliba door muhiim ah iyo kaalin aanan hilmaami karin ayuu ka geystay. Mahadsanidin.

Qoraaga Soomaaliyeed ee la yidhaahdo Cali Cabdigiir (Caliganey), oo ah qoraa soo saaray in ka badan labaatan buug, ayaa ka mid ah dadka buuggan xaqa weyn ku leh. Kaalinta Cali-ganey, waxa ay isugu jirtey, dhiirrigelin, talobixin, qoraal-hubin, tilmaamid iyo korjoogtayn. Haddii aan Cali-ganey ibarbar taagnayn, oo hadh iyo habeen aannu ii heellanayn way adkaan lahayd in buuggani soo baxo. Waxa aan odhan karaa waxa uu ka qaatay in buuggani soo baxo "Kaalin Libaax." Mahadsanid Caliganey.

4

Buuggani intii aanu soo bixin, sheekada oo taxane ah, oo si kooban u qoran, ayaan kusoo bandhigi jirey boggayga Facebook. Dadkii akhriyey, ee markii danbe igu dhiirrigeliyey in aan buug ka dhigo taxanahaygii Facebook-ga waxa ka mid ahaa; halyayga weyn ee Soomaaliyeed Cabdi Bile Cabdi. Walaalkay Cabdi Bilena waxaan leeyahay taladaadii waan qaatay. Mahadsanid Cabdi Bile. Waxa kale oo dadkaas ka mid ahaa aqoonyahan Faysal Cabdi Rooble oo isaguna taladaas mid la mid ah iyo dhiirri gelinba isiiyey. Mahadsanid saaxiib Faysal Rooble. Aqoonyahan Siyaad Maxamuud Cali, isna waxba igama hagran, wuxuuna isiiyey kalsooni ah, in sheekadani buug u qalanto, loona baahan yahay in aan buug ahaan usoo bandhigo. Mahadsanid Siyaad Cali. Xildhibaan Maxammed Jaamac oo ii sahlay in aannu is-helno qoys ay 26 sannadood isugu kaaya danbeysey, isna waan u mahadcelinayaa.

Ugu danbayn, waxa aan u mahadcelinayaa, akhristayaashii ku taxnaa bartayda Facebook oo in badan oo ka mid ahayd, iisoo jeediyeen in aan sheekadan buug ahaan usoo gudbiyo. Taladiinnii waan qaatay. Dhammaantiin mahadsanidin.

HORDHAC

Waa subax Isniin ah, iyo magaalada Muqdisho. Waxa aannu magaalada hoose isu raacnay saaxiibkay, oo aannu isku fasal iyo isku qol labadaba ahayn. Waa Cabdi Aflahaar, oo aannu wada dhiganno Jaamacaddii Lafoole. Waxa aannu soo galnay, Maktabaddii Qaranka. Muraadkayagu wuxuu ahaa, in aannu ka soo eeganno buugaag ku saabsan mawduucyada aannu u kala xulannay, in aannu ka qorno warqadda cilmibaadhista (dissertation paper), ama waxa Soomaalidu ugu yeedhi jirtey, "Buugga Qalinjebinta".

Duhurnimadii ayaannu soo geddoonay, annaga oo dhanka Hotel Taleex soo beegsannay, si aannu ula kulanno jaallayaal aannu sheeko wadaag ahayn. Laba koob oo kabbujiino ah (cappuccino) ayaannu dalbannay. Salka markii aannu dhulka dhignay, ayaannu maqallay daryaan weyn oo aannu qarax u filnay. In yar dabadeed, gawaadhi ayaa meeshii timid keli-keli u socota. Warkii qaraxa xogtiisii ayaa na soo gaadhay. Meesha wax ka dhaceen waa agagaarka Hotel Daamey iyo dhanka Wardhiigley. Maalintaas taariikhdu waxa ay ahayd, 31kii Diisember 1990. Wixii aannu qaraxa moodeyney wuxuu noqday biloowgii dagaal Xamar gudaheeda ka oogma. Waa jabhaddii USC oo Xamar gudaha usoo gashay. *"Waa bilaabantay!"*

Galabnimadii ayaan qaad/jaad soo qaatay. Qol aan seexan jirey marka aan Lafoole ka imaaddo, ayaan keligay habeenkaas fadhiistay. Waxa aan dhegeysanayey cajladdii riwaayaddii "Galbeed waa la xoreeyey". Habeenkii oo dhan magaalada Xamar rasaastu ma kala joogsan. Subixii markii waagu beryey, dariiqyada oo dhan waxa qabsaday dad qaxaya.

Toddobo maalmood kaddib, ayaan Xamar ka soo baxay. Safarkaasi ma lahayn meel ii qorshaysan iyo muddo ii cayiman toonna.

------------   -----------------   --------------   -----------
-

Safarkii aan Muqdisho kaga soo baxay 7dii Janaayo 1991, waxa ka soo wareegtay Shan sano iyo xaabxaab. Waxa aan joogaa magaalada Harare ee dalka Zimbabwe. Galab casar ah aniga oo masaajid ka soo baxay, ayaa waxa aan la kulmay, qiso noloshayda saamayn weyn ku yeelatay. Qisadaasi waxa ay dib iigu xidhay, Lafooladii ay Shan sano horteed iigu danbeysey. Waxa aan halkaa kula kulmay Saxarla oo aannu Lafoole wada dhigan jirnay. Kulankaa Saxarla ee Harare 1995, waxa labadayadiiba nooga bilaabmay, safar cusub oo aannaan sahan u sii dirsan, sahay nagu filanna aannan usii qorshaysan. Safarkaasi, noloshayadii iyo mustaqbalkayagiiba saamayn weyn ayuu ku yeeshay.

Buuggani waxa uu ku saabsan tahay, safar-nololeedkaas cusub ee aniga iyo Saxarla magaalada Harare ee dalka Zimbabwe nooga bilaabmay. Safarkaasi wuxuu nala marayaa, dalal kala geddisan, iyo duruufo kala duwan. Waxa aannu la kulmaynaa marxalado isugu jira; naxdin, cabsi, filanwaa, iyo farxad intaba.

7

Buuggan waxa aad kaga boganaysaa qisadaas. Waa qiso dhab ah 100%. Buuggani waxa uu qisadaas u soo gudbinayaa sidii ay u dhacday. Waxa aan rajaynayaa in akhristuhu xiisaha uu ku bilaabo uu ku dhammaysan doono. Waa dhiganaha la magacbaxay: "Calaf iyo cugasho: Saxardiid iyo Saxarla."

ARAAR

Buuggani sheekada uu ku saabsan yahay waa sheeko dhab ah 100%. Wax waliba sidii ay u dhaceen, meeshii ay ka dhaceen, iyo ciddii ay ku dhaceen ayaan halkan iyaga oo sidoodii ah ugu soo bandhigayaa. Si akhristuhu si fudud ugu fahmo, qaabka sheekadu udhacayso, waxa aan idinla wadaagayaa, dadka kala geddisan ee magacyadoodu buuggan ku xusan yihiin. Annaga oo ilaalinayna xuquuqdooda, dadka qaar ka mid ah ayaannu magacyadoodii beddelnay. Inta badanse qof waliba magiciisii dhabta ahaa ayuu wataa.

· 	Saxardiid waa qoraaga buugga Maxamuud Ibraahim Jaamac (Xaaji).
· 	Saxarla Maaweel, waa gabadha ay Lafoole wada dhigan jireen, ee ay ku kulmayaan sannadkii 1995 magaalada Harare ee dalka Zimbabwe. Waa labada qof ee xuddunta u ah sheekada buuggan. Saxarla Maaweel ma aha magicii dhabta ahaa ee gabadha. Waase magaca ay sheekada kaga qayb qaadanayso.
· 	Hooyo Sureer, Eeddo Saluugla, Samatar iyo Suubban, waa ehelka Saxarla, dhammaantoodna ma aha magacyadii dhabta ahaa.
· 	Suleekha, waa gabadh aannu Nayroobi deris ku ahayn. Magacani sida kuwii hore ma aha magicii dhabta ahaa ee gabadha.
· 	Cabdi Xasan, Khadar, Samakaab iyo Samawada iyaguna waa magacyo aan rasmi ahayn.

Dhammaan magacyada kale ee buuggan ku jiraa, waa magacyadii dhabta ahaa.

1

Harare

Seben weeye kala guur
Dadku socoto weeyaan
Waxna waa la sababsaday
Sannadka aynu joognana
Sagaal boqol kun baa dheer
Iyo tiro Sagaashan ah
Shanna saa'id weeyaan
Lama sahansan geeddiga
Waa Zimbabwe madashuna
Iyo saacad galbnimo
Midab saawesaawe ah
Sagal baa cirkii xidhay
Kala soocan dumarkuye
Suunnaari guud daban
Qof la saanyadaa timid
Waana saxarla Maaweel
Sheekadu saddexa maran
Saxardiidna aashiis

December 1995, Harare Zimbabwe: Waqtigu waa casar dheer, waxa aan markaa soo bogtey salaaddii casar. Waxa aan ku soo tukaday Masjidka weyn ee Harare (Harare Central Mosque). Meel aan masaajidka ka fogeyn, oo ku beegan albaabka weyn ee dibedda looga baxo, ayaan ku arkay dhawr nin oo Soomaali ah oo taagan. Raggaas waxa wehelisay haweenay muuqaal Soomaaliyeed leh. Dhankoodii ayaan u soo dhaqaaqay. Marka aan inyar u soo dhowaadaba, wax uun baa igu leh "degdeg u gaadh." Indhahaygu raggaba waa dhaafsiisan yihiin. Muddo yar dabadeedba, waxa aan isla soo taagey, raggii iyo haweenaydii. Salaan guud ayaan salaamay.

Raggani, waa rag aannu is wada garanayno. Isla markiiba, waxa aan su'aalay, "gabadhanina maanta xaggee inooga timid?" Gabadhu way igu dheygagsan tahay. Anigana waxa aadba mooddaa in aan si u didsanahay. Marba isha ayaan hoosta kaga xadayaa. Markaygii hore ee aan dhanka gabadha u soo dhaqaaqayey, ma ahayn go'aan aan maskaxda kala tashaday, oo aan isweydiiyey "ma u tagtaa, iyo ma ka joogtaa." Aragtidii aan arkay gabadha iyo ragga masaajidka agtiisa taaganba, go'aan dhanka qalbiga ah oo aan maskaxda gaadhsiisnayn ayaa isoo hagey. Dhawrkii daqiiqadood ee aan la taagnaa, maskaxdaydu su'aalo badan oo degdeg ah ayay is weydiineysey. Su'aalahaas waxa ka mid ahaa: -

Wejigani gabadhani iguma cusba. Toloow xaggee ku aragtay? Malaha iyada hore uma aanad arage, qof aad taqaanney ayay kuula ekaatay. Qoftan waad taqaannaaye ma dadkii aad Nayroobi isku barateen baa? Maya'e, waxa laga yaabaa in aad Xamar ku taqaanney. Iyo malaha kaba foge, ma ardaydii aad dugsiga sare wada dhigan jirteenbaa. Maya, maya, waxa laga yaabaa in qoftani ka mid tahay dadkii Mombaasa iyo xeradii Utagna aad ku arki jirtey. Haddana waxa aan is idhaahdaa waad khaldantahaye, dadkii reer Lafoole ayaabay u egtahay.

Su'aalahaas iyo kuwo la mid ah ayay maskaxdaydu si xawli ah isu weydiineysey. Gebigaygiiba, anigii ayaa isku mashquulay, oo dagaal iga dhex qarxay!

Nin magiciisa aannu u naqaannay Cabdirashiid reer-bari, ayaa isaga oo su'aashaydii hore ka jawaabaya yidhi, "gabaratani waa gabartii la inoo sheegayey, ee la lahaa iyada oo ka dhoofaysa garoonka diyaaadaha Harare ayaa laga soo celiyey." Markaas ayaan idhi, "haa, waan maqlay gabadhaas." Intaa waxaan raaciyey "waaba gabadh quruxleey ah." Intaasi markii ay afkayga ka soo baxday, ayaa gabadhii, iyada oo aniga ila hadlaysa, si qummaati ahna iigu dhaygagsan tidhi "walaal, Jaamacaddii Lafoole ma dhigan jirtey?"

"Haa," ayaan si kedis ah u idhi.

"Magacaaga ma la odhan jirey Saxardiid?"

"Haa walaal."

"Aniga miyaadan i garanayn"

"Walaal, wejigaaga waan garanayaa, laakiinse, waxa aan soo saari waayey, magacaaga, iyo meeshii aan kugu arki jirey"

"Saxarla ayaan ahay, Saxarla Maaweel!"

"Alla waa Saxarla Maaweel!" ayaan si degdeg ah u idhi, aniga oo kor u dhawaaqaya.

Su'aal igu taagnayd oo naftayda daqiiqadihii ugu danbeeyey asaraar iyo muran hoose oo aan cidi ii ogeyn gelisay, ayay iiga jawaabtay.

Intaa markii aannu isnidhi, ayaa gabadhii indhaheeda ilmo ka soo daadatay. Aniga laftaydu waan damqaday, laakiin waan is-adkeeyey. Saxarla waxaa wax weyn la noqotay, in ay heshay qof ay garanayso, oo wax uun ay la wadaagi karto. Codkeedii ayaa isbeddelay, sidii ruux naf cusubi gashay ayay u ekaatay.

Waxa aan maqli jirey, hooyooyinka Soomaalida oo marka ay xaaladi ku qabsato meel aan laga garanayn, yidhaahda *"indho garad ku waayee."* Waa marka qofka uu dad qalaad oo aanu qof keliya ka garanayn uu ku keliyaysto. Saxarla, muddoba waxa ay ku jirtey xaaladaas oo aniga hortay qof ay garanaysoba muddo dheer may arag.

Maalintaa aan Saxarla la kulmayo, dhawr maalmood ka hor ayaan Johannesburg safar gaaban kaga soo laabtay. Raggii gabadha la taagnaa, ayaan markaa ku idhi, "waxaad yeelaysaan, gabadhani mar haddii aanu isgarannay, bal anaa xaalkeeda meel ku soo ogaanaya ee aniga igu ogaada. Idinkuna waad mahadsan tihiin." Saxarlana waxay tidhi, "Saxardiid waa qofkii ugu horreeyey ee aan wejigiisa garto, oo aan muddo dheer arko. Marka, haddii aan isaga maanta helay waad mahadsan tihiin."

Aniga iyo Saxarla, waxa aannu u dhaqaaqnay dhankii badhtamaha magaalada Harare. Waxa aannu sii dhex marnay, dhismayaal qurux badnaa oo ay ugu muuq dheeraayeen rugta *Karigamombe Centre.* Rugtani, waa meel gudaheeda ay ku yaallaan xafiisyo faro badan, oo isugu jira shirkado dalka gudihiisa laga leeyahay, iyo hay'ado caalami ahba. Waxa kale oo aan xusuustaa waxa degganaa safaaradda dalka Australia. Hotel weyn oo la yidhaahdo *Monomotapa Hotel* ayaa dhanka bidixda isna nagaga beegnaa. Hotelkani, wuxuu ahaa Hotel kuwa safka koowaad ah (5-star Hotel). Hotelkani magaca uu wataa waa magicii Boqortooyadii weyneyd ee dalalkan Afrikada koonfureed imminka la isku yidhaahdo oo dhan mar ka wada talin jirtey. Boqortooyadaas oo la odhan jirey Monomotapa Kingdom.

Beer aad u qurux badan, magaceedana la odhan jirey *Harare Gardens,* oo jardiinooyin loo qoor-diiday dhan walba kaga meersan yihiin, kuraas lagu nastona leh ayaannu beegsannay. Arrinka iigu weyn ee maskaxdayda ku soo dhacay wuxuu ahaa, sidii aan wax uga ogaan lahaa, culayska haysta Saxarla inta uu leegyahay. Marka aan ogaado baaxadda culayska haysta, ayaan qiyaasi karayaa, wixii aan qof ahaan la qaban karayo, iyo wixii u baahan in cid kale lala kaashado.

Jawiga iyo muuqaallada kugu dayrani, waxa ay qayb ka qaadan karaan cabsida, ama farxadda aad dareemayso. Beerta waxa aan u doortay, *bilic iyo xasillooni.* Waa meel aad iyo aad looga shaqeeyey. Marka ishaadu ku dhacdo, ubaxyada kala noocnooca ah, biyaha isdhaafaya, dhawaqa shimbiraha kala duwan ee isu baxaya, iyo dadka faraxsan ee ama iyagu isku mashquulsan, ama jawigan quruxda badan la falgalay ee iddood dabeecadda ugu qanacsan, maskaxdaadu way degeysaa oo hawo kale ayaabad gelaysaa. Waxa aan rabey Saxarla in aan yara illowsiiyo, welwelkii ayaamahan la soo dersay, oo aan adduunkii ay ku jirtey mid ka yara geddisan dhex geeyo.

Beertani waa badhtamaha magaalada Harare. Hoteelo waaweyn, makhaayadaha wax laga cuno ama laga cabbo, shineemooyinka iyo meelaha caweysyadu way ku meersan yihiin. Dhankaa danbena waxaa nagaga beegnaa waddada weyn ee la yidhaahdo *Herbert Chitepo Ave.* Waa waddada safaaradda Maraykanka ee Harare ay ku taallo. Beertani waa meel kulansatay, *ammaan, iyo qurux* labadaba. Weliba aan kuugu sii daree, casarka gaaban, marka fallaadhaha cadceeddu dhanka galbeed kaa soo salaamaan, oo dhirtaa ubaxyada leh iyo biyahaa kuu soo dhex maraan, waa quruxdii oo qurux kale macsuumtay.

Cabbitaan ayaannu goob beerta dhexdeeda ku taalla ka sii qabsannay. Waxa aannu sheekada ku furfurannay, waayihii Xamar iyo Lafoole. Waxa aannu falanqaynnay, dagaalladii dhacay ee mustaqbalkayaga mugdiga geliyey. Ma aannaan illaawin, xusidda duruufihii safarradayada kala geddisan nagala soo kulmay, iyo hubantila'aanta mustaqbalka. Muddo markii aannu sheekadaa wadaagnay, oo marba goob iyo qof aannu isla garanayno oo dhallintii iyo macallimiintii Lafoole ah aannu isweyddiinno; gabbalkiina sii ciirayo, oo sheekadu isugu kaaya baxayso; arkayna in Saxarla furfurantay oo nefistay ayaan dhan kale u rogay sheekadii. Waxa aan uga warramay qorshaha aan Zimbabwe u joogo, iyo in aan dhowaan Johannesburg safar gaaban oo indho-indhayn ah kaga soo noqday. Intaa dabadeed ayaan Saxarla su'aalay xaaladda ay hadda ku sugan tahay ee dhabta ah, iyo waxa u qorshaysan.

Sheeko dheer oo murugo leh ayay iigu biloowday waxa ayna dib iigu celisay biloowgii dagaallada sokeeye ee Xamar, iyo sida uu qoyskooda u saameeyey. Waxa ay ii sheegtay, in aabaheed lagu dilay dagaalladii sokeeye. Reerkoodana intii markaa Xamar joogtay ay iyadu ugu weyneyd. Waxa ay ii raacisay, in masuuliyaddii reerku ay markaa wixii ka danbeeyey iyada ku soo wareegtay.

Nasiib wanaag, Saxarla waxa u suurtogashay in ay shaqo ka heshay hay'addii Qaramada Midoobay. Muddo markii ay halkaa ushaqayneysey, waxa dalkii ka soo baxay ciidammadii Maraykanku hoggaaminayey. Markaas dabadeed, nabadgelyodarradii iyo cabsidii Xamar way ku sii korodhay.

Saxarla waxay ii sheegtay, in ay bixitaankii ciidamada dabadeed, ay jeclaysatay in ay Xamar iskaga soo baxdo. Dadkii ay shaqada Qaramada Midoobay isku barteen haweenay ka mid ah, oo u dhalatay dalka Zimbabwe ayaa Saxarla u ballanqaaday, haddii ay dhoof rabto in ay ka caawinayso in ay u qaaddo baasaboorka dalka Zimbabwe. Saxarla waxa ay tidhi waxa aan markaa ka bacdi u dhaqaaqay, in aan waraysi tago si aan u soo ogaado meelaha lagu tegi karo baasaboorka Zimbabwe. Waxay soo ogaatay in Maraykanka iyo Yurub badideeda aan baasaboorka Zimbabwe looga baahnayn dal-ku-gal (visa).

Intaa dabadeed, waxa ay Saxarla soo aaddey Nayroobi. Nasiib wanaag, maadaama ay Saxarla weli ka tirsanayd shaqaalaha Qaramada Midoobey ee Soomaaliya, waxa u suurto gashay in ay baasaboorkeedii Soomaaliga ahaa ku hesho dal-ku-gal (Visa) Zambia ah. Halkaana ay uga sii gudubtay dalka Zimbaabwe oo qorshaha safarkeedu ahaa. Zimbabwena waxa ku soo dhoweysey gabadhii ay saaxiibka ahaayeen ee reer Zimbabwe.

Muddo aan badnayn markii ay Zimbabwe joogteyna waxa ay ku guuleysatay in ay hesho baasaboorkii dalka Zimbabwe. Saxarla dalka ay aadka u jeclayd ilaa yaraanteediina ay ku hamiyi jirtey waxa uu ahaa dalka Maraykanka. Waxa ay go'aansatay mar hadday heshay baasaboor ay ku geli karto Maraykan, in aan waqti badani kaga lumin Zimbaabwe, ee ay dhakhso uga baxdo. Sidaas ayayna tigidhkii Maraykan ku goosatay.

Maalin maalmaha ka mid ah, ayay Saxarla iyada oo keligeed ah, oo wadata baasaboorkeedii Zimababwe, iyo tigidh Maraykanka ah ay damacday, inay gegida diyaarada ee Harare ka dhoofto. Saamaha meeshii aynu dhigayno iyo sed wixii aynu jidiinka marinayno labadaba Sarreeyaha ayaa xukumee, safarkaasi Saxarla sidii ay rabtey uguma dhicin. Waxaa lagu qabtay gegidii diyaaradaha ee Harare. Markaa dabadeed dad ay qaraabo ahaayeen haweenaydii reer Zimbabwe ayaa u gurmaday, oo soo damiintay.

Intaa markii ay Saxarla iiga dhacday, ayaan idhi, "imminka qorshahaagu muxuu yahay, xaggeese ku nooshahay?" Waxa ay ii sheegtay in aanay garanayn wax qorshe ah iyo meel ay wax ka biloowdo toonna. Waxa ay iigu dartay, in qoladii soo dammiinatay ay la nooshahay, oo gurigooda qayb ka mid ahna ay deggan tahay (Flat).

Markii ay halkaa maraysay ayay talo igu caddaatay, waxa aanna weydiiyey, su'aal ah; "ka warran haddii aan anigu meel ku dejiyo, oo aan gurigaas kaa soo raro?" Si kalsooni iyo hubantiyi ku jirto ayay Saxarla u tidhi, "walaal diyaar baan ahay, caawadaa aynu joogno haddii aad guri Soomaaliyeed igeyneyso." Intaa markii ay itidhi, ayaa dareenkaygu isbeddelay. Dhinac, welwel hor leh ayaa iga galay. Welwelkaas oo ah, "bal waa ku kaase xaggee ayaad geyneysaa." Intaa keliya kuma aan joogine, haddana waxa aan naftayda kula xanshashaqay, "haddii aanay gabadh ahaan lahayn culays iguma lahaateen meesha aan geyn lahaa."

Dhanka kalena, farxad ayaan ka dareemay. Farxaddaas oo ahayd, in ay Saxarla ii caddaysay, in ay tahay qof lagu tashan karo oo kalsooni buuxda itustay. Kalsoonidaasina waxa ay igu abuurtay yididiilo iyo dhiirranaan hor leh.

Markaas ayaan go'aansaday in aan wax walba ugu badheedho sidii aan Saxarla culayska ula qaybsan lahaa.

"Guriga aad deggan tahay telefoon ma leeyahay?" Ayaan su'aalay. "Haa walaal" ayay tidhi. Lambarka guriga isii haddii aad hayso". Lambarkii ayay ii boobsiisay "1234....". Telefoonkii ayaan ka qortay, waxa aanna ku wargeliyey, in ay caawa gurigii ay degganayd u hurdo tagto, anigana iga war sugto inta aan kala soo hadlayo isla caawaba.

Halkii ayaan tagsi ka saaray Saxarla, si ay caawa meesheedii ugu hoyato. Aniguna waxa aan tagsi usoo qaatay, dhanka xaafadda Ridgeview iyo 8 Highway road, Ridgeview Harare. Waa guriga reer Yaasiin Xaaji Ismaaciil, Ilaahay Jannadii Firdowsa ha geeyee.

Gurigii markii aan imid, ee aan dadkii wada salaamay, ayaan hooyadii qoyska Eeddo Khadiija Raage, maanta way inaga hoosaysaaye, Ilaahay Jannadii Firdowsa ha geeyee, uga warramay in galabta aannu gabadh Soomaaliyeed is-helnay. Eeddo Khadiija waxa aan uga warramay xaaladda gabadhaas iyo sheekadii dheerayd ee na dhexmartay. Waxa aanna u raaciyey, in gabadhaasi Soomaaliyeed maanta u baahan tahay gurmad. Eeddo Khadiija Raage (AHN), waxa ay iweyddiisay "maxaynu u qaban karnaa eedo?" Waxaan ku idhi, "marka ugu horreysa waa inaynu meesha ay deggantahay ka soo rarnaa oo aad gurigaaga qol uga bannaysaa."

"Eeddo, Jin haddii aad ii keentid, qof adigu aad wadatid diidi maayo, ee inoo keen gabadha."

Adeer Yaasiin X. Ismaaciil iyo eeddo Khadiija Raage (AHN labadoodaba) waa aabbaha iyo hooyada Xaaji Maxammed Yaasiin oo dhawr mar u tartamay xilka madaxweynaha Soomaaliya. Xaaji Maxammed Yaasiin, waa nin miisaan weyn ku leh bulshada Soomaaliyeed, madaxweynenimada Soomaaliyana dhawr goor ayuu u tartamay. Xaajigu, doorasho kasta barnaamujkiisa uu soo bandhigaa waa, "in uu Kitaabka Ilaahay wax ku xukumayo haddii la doorto." Xaaji Maxammed Yaasiin iyo labadiisa waalidba xurmo weyn ayaan u hayaa.

Markii aan helay kalsoonida Eeddo Khadiija Raage ayaan telefoonkii qabsaday. Waxa aan garaacay lambarkii guriga ay Saxarla degganayd. Waxa iga qabtay ninkii guriga lahaa. Waxa aan u sheegay, in aan ahay, Saxarla qaraabadeeda, oo aan doonayo in aan la hadlo. Dhib yaraan, ayuu telefoonkii iigu gudbiyey. Saxarla waxa aan ku wargeliyey, in aan usoo diyaariyey, halkii ay degi lahayd, berrito galabna aan u imaanayo oo aan ka soo rarayo meesha ay deggan tahay. "Walaal waad mahadsantahay, saacadma ayaad ii imaanaysaa" ayay igu tidhi. "Waxaan kuu imaanayaa inta u dhexeysa saddexda iyo badhka ilaa afarta galabnimo." "Haye walaal, hawraarsan."

Bal aan in yar idiin guud maro qoyska reer Yaasiin Xaaji Ismaaciil. Sida uu ii sheegay Yaasiin Xaaji Ismaaciil (AHN) qoyskoodu wuxuu ka tirsanaa Saldanaddii reer Keenadiid ee Hobyo. Markii saldanaddii cimrigeedii dhammaadayna, waxa reerkoodu u wareegay dhanka Wardheer oo ah degaannada loo yaqaan Doollo. Yaasiin halkaas ayuu yaraantiisii ku soo kacaamay, dabadeedna ciidankii booliska ee Talyaaniga ayuu galay. Yaasiin wuxuu markii danbe noqday guddoomiyaha caasimadda Muqdisho (Commissario di Mogadiscio).

Adeer Yaasiin aad ayuu iigu sheekayn jirey wax badan oo taariikhda Soomaalida ahna waan ka korodhsaday. Waxyaalaha uu iiga taariikhayn jirey, waxaa ka mid ahaa S.Y.L iyo dhallinyaradii aasaastay, duruufihii ay ku aasaaseen, iyo mabaadiidii ay aamminsanaayeen. Waxa uu aad uga niyad xumaa burburkii dalka ka dhacay iyo dagaalladdii qabaa'ilka. Waxyaalaha uu mar walba odhan jirey waxaa ka mid ahaa, in uu welwel ka qabey, in uu cimrigiisa inta ka hadhay arki doono, Soomaali oo nabad ah oo dawlad deggan ah, iyo quluubtii dadka Soomaaliyeed oo dib u midoowda. Ilaahay kuma simin adeer Yaasiin inuu arko riyadiisaas. Xaqii ayaa u yimid dabayaaqadii 1995.

Eeddo Khadiijo Raage waxay ka timid dhulka Hawdka Buuhoodle iyo Doollo. Yaraanteedii dhulkaas ayay ku soo barbaartay. Waxa ayna ahayd hooyo dad jecel, codkar ah, karti badan, dadkana way ururin jirtey. Intii aan joogey Zimbabwe gurigoodu wuxuu ii ahaa meesha aan ku nasto.

Waxa qoysku ahaa qoys aad u dhaqan oo hanti fiican leh. Xaaji Maxamed Yaasiin, oo wiilkooda ah ayaa ganacsi iyo hanti kaleba ku lahaa waddanka Zimbabwe. Xaajigu waxa uu dalkaas soo degey dabayaaqadii todobaatanaadkii (1970s). Xaaji Maxamed Yaasiin, wuxuu ahaa nin waalidkii aad baarri ugu ah, oo debecsan. Wuxuu kale oo ahaa, nin abtinnimada aad u weyneeya. Waxa aan xusuustaa sida uu abtinnimada iigu qaddarin jirey aniga oo ahaa waqtigaas, nin dhallinyaro ah oo isaga wax badan ka da' yar.

Waxa kale oo Harare degganaa (AHN) adeer Maxammed Jaamac Galaydh (Boodhe), oo isagana aanan illaawayn waanooyinkii uu isiin jirey, iyo tariikhihii dawladnimada Soomaalida ee uu sida hagar la'aanta ah iiga dhergin jirey. Adeer Maxammed Jaamac (AHN) wuxuu ka mid ahaa aqoonyahannadii markii xorriyadda la qaatay hay'adihii dawladda salka u dhigay. Wuxuu ahaa aqoonyahan cilmiga beeraha ku xeeldheer. Waxbarashadiisa sare, waxa uu ku soo qaatay Dalka Ingiriiska. Xilliyadii dawladdihii rayidkana mar ayuu ahaan jirey agaasimaha guud ee wasaaradda beeraha. Ugu danbayntiina waxa uu u wareegay hay'adii F.A.O. halkaas oo uu ka shaqaynayey ilaa uu shaqadii ka fadhiistay.

Maxammed Jaamac marka sheekadani dhacayso Harare wuu ka guuray, wuxuuna waqtigaa degganaa oo beer weyn ka samaystay magaalada Mutare ee gobolka Monicaland ee bariga Zimbabwe.

Habeenkii markii aan teleefoonka ka dhigay Saxarla, ayaan sheeko la bilaabay naftayda. Su'aalo badan oo aan dhammaad lahaynna waan is weydiiyey. Waxaa ka mid ahaa:

·   Qolada dammaanadda ay kula joogto ma laga yaabaa in ay diidaan in ay gurigooda Saxarla ka guurto?

·   Haddii ay is-hortaagaan guuritaanka Saxarla, maxaa ii furan in aan sameeyo?

·   Haddiise ay oggolaadaan guuritaankeeda oo dabadeedna aan Saxarla dalka kala baxsado maxaa dhici kara?

·   Qoyska reer Yaasiin dhibi ma uga imaan kartaa, haddii Saxarla aan la baxsado iyada oo qoladii dammiinka ka ahayd aanay ka war qabin?

·   Maxaa dhici kara, haddii la iqabto aniga oo Saxarla dalka sharci darro kaga saaraya?

·   Saxarla lafteeda aad isuma taqaanniine armayba dhibi kaga timaaddaa reerkan islaameed ee aad adigu gurigooda keentay?

Su'aalahaas aan dhammaadka lahayn markii aan maskaxdayda kula shawro, ayaan ugu danbayn isku qanciyaa, waxa aad gudanaysaa waa waajibaad Islaannimo iyo Soomaallinnimo, Ilaahayna uurkaaga waa ogyahay, ee u badheedh oo waxba ha ka biqin samaha aad falayso, waa tii hore loo yidhi, "wanaaggu, wanaag kale uun buu dhalaa."

Marmarka qaarkoodna, waxa aanba sawiraa aniga oo gabadh ah, duruuftaa Saxarla oo kalena ku jira! Markaas ayaa dhiirranaan hor leh igu dhalataa, taas oo ah; waa inaad khatar kasta u badheedhaa sidii aad gabadhan u badbaadin lahayd oo wewelkan ay ku jirto aad gacan uga geysan lahayd, sifo kasta oo ay duruuftan qallafsan uga bixi karto.

Habeenkaasi aad buu iila dheeraaday. Waagiiba waa beryi waayey. Marba mawjad ayaa igu furanta. Marka aan ka dabaashoba, hir cusub ayaa igu soo kaca oo carcartiisa qaba. Haddana aakhirka waxa aan isku qanciyaa, haddii aannan ku dhiirran sidii aan Saxarla ugu hagarbixi lahaa, oo aan hagrado, ama ka baqo in aan u gurmado gabadhaas walaashay ah, ee maanta dhulka shisheeye ku caddilan, in dareenkayga qofnimo iyo aayotiinkayga danbe ay u daran tahay.

Waxa aan isbarbar dhigaa dhibka igu soo gaadhi kara aniga oo u gurmanaya, iyo dhaawaca nafsiga ah ee aan abid iga hadhayn ee aan la noolaanayo noloshayda inta ka dhiman, haddii aan faraha ka qaado, oo aanan waxba ku darsan gabadhaas dantu maanta haysato. Marka aan labadaa is barbardhigo, waxa ii soo baxda in ay sahlan tahay in aan u gurmado.

Si kastaba ha ahaatee, waagii waa beryey. Iska quraacannay. Maalintiiba wax aad mooddaa in ay degdeg ku socoto. Wax waqtigu isa soo guroba, casarkii ayay noqotay. Telefoonkii ayaan tiigsaday. Waxa aanna garaacay lambarkii shirkadda tagaasida. Markii la iga qabtay telefoonka waxaan u dedejiyey, cinwaanka guriga aan joogo, iyo sidoo kale meesha aan u socdo. In yar dabadeedba gaadhi yar oo cusub oo Hyundai ah ayaa albaabka hore hoonka ka yeedhiyey. Waa shirkaddii "RIXI TAXI," oo markaas waddanka ku cusbayd. Tagsiyadani waxay xayaysiis (sponsor) u ahaayeen ciyaarihii kubadda Africa ee "*All-Africa Games football tournament 1995*," oo saddex biload horteed lagu qabtay Harare (Sep 1995).

Tagsigii ayaan ku booday. Wuxuu iila dhaqaaqay dhanka *Harare Showground*. Duleedka danbe ayuu ka marny *Harare Sheraton hotel*. Markiiba waxa uu ku dhacay waddada weyn ee la yidhaahdo Samora Machel Avenue. Dhanka waddada Mutare Road ayuu uga sii tallaabay. Qaddar aan badnayn, markii uu jidkaa hayey, ayuu ku soo kala laabay guri qurux badan, oo aad garanaysid inuu ku yaallo xaafad ladan. Albaabkii ayaan garaacnay. Waxa iga furtay Xaaskii Charles oo ahayd marwada guriga.

Salaan dabadeed, waxa aan u sheegay in aan ahay qaraabada Saxarla. "Soo dhowoow, waan rajaynayey in aad noo imaanaysid. Saxarla ayaa xalay noo sheegtay." Charles ayaa soo baxay oo isna si fiican ii salaamay. Wax xoogaa af Shona ah (afka reer Zimbabwe, ee qabiilka Shonaha ee Harare deggan) oo aan bowsadey ayaan ku tuuray. Si kal iyo laab ah ayuu u qoslay. Ku yar oo meesha joogay oo xaaladdan cusub xiisaynayey, ayaa isna qoslay. Isagiina waan salaamay, markas ayaan af Shona ku idhi, "adna kumaad ahyd (unonzi ani)?" Aad iyo aad ayaa loo wada qoslay. Kii yaraa intuu yaabay ayuu yidhi, "ah, iwe, I am Peter." Saxarla oo diyaar ah ayaa dhankii qolkeeda loo wada dhaqaaqay. Dabadeedna Charles ayaa yidhi, nin qaraabadaada ah ayaa kuu yimid Saxarlaay, "your cousin is here, Saharla." Saxarla ayaannu isa salaannay. "Soo fadhiiso oo shaah nala cab," ayaa Charles yidhi. Markaas ayaan ku idhi, "waad mahadsantihiin, waan degdegsanahay tagsina bannaanka ayuu ii taagan yahay."

Waxa xigtey, Saxarla oo boorsooyinkeedii dhegta soo qabsatay. Mid ka mid ah aniga ayaa ka qabtay, tii kalena Charles ayaa soo jiiday. Tagsigii ayaannu shandadihii ku hubsannay. Waan u mahadceliyey martigelinta ay Saxarla marti geliyeen, iyo sida wanaagsan ee ay u daryeeleen muddadii ay gurigooda joogtay. Waxa kale oo aan u sheegay qoyskii, in aanay ka werwerin maanta laga bilaabona ay gurigii ehelkeeda tegeyso. Aniguna aan si joogto ah ula soo xidhiidhi doono, si aannu isula soconno hadba waxa soo cusboonaada. Waxaanna sii raaciyey ereyga "dateendha" (ndatenda) oo la micno ah mahadsanid.

Nasiib wanaag, ninkii Charles ima su'aalin cinwaanka iyo telefoon lambarka guriga aan Saxarla u rarayo. Qosolkii iyo sheekadii iyo af Shonihii jajabka ahaa, waxaa iigu hoos jirey in aan jawiga beddelo, oo aan isku dayo in aan qosolkaa ku dhaafiyo in aan telefoonka iyo addresska toonna la iweydiin. Sidii aan rabey ayaa Eebbe iigu suurto geliyey qorshahaasi.

Inyar dabadeed, waxa aan soo gaadhnay gurigii reer Yaasiin X. Ismaaciil. Eeddo Khadiija Raage si fiican oo laab furan ayay u soo dhoweysey Saxarla. Boorsooyinkiina qol loo sii diyaariyey, oo bannaanaa ayaa loo dhigay. Markiiba wiil shaqaale ah oo magiciisu ahaa Ibraahim, oo reer Zimbabwe ah ayaa buskud, shah, iyo keeg noo soo dhigay. Halkii ayaa sheeko, kaftan iyo iswaraysi laga bilaabay.

Waxa in yar dabadeedna noo timid xaaskii Xaaji Maxammed Yaasiin, marwo Xaliimo, oo ahayd gabadh qalbi furan oo aad u dad jecel aadna u kaftan badan. Markiiba qoftii Saxarla ahayd, waxa ay u ekaatay, qof u timid qoyskeedii, martina aan ahayn. Waxaa galabtaa maskaxdayda ku soo dhacday, maahmaah aan ka maqlay niman Xabashi ah (Itoobiya), oo aannu saaxiib ahayn, isku hotelna aannu mar wada degganaan jirney, magaalada Lillongwe ee dalka Malawi. Maahmaahdaas Amxaariga ah, waxa micnaheedu yahay "dumarka iyo riyaha midkoodna marti ma noqdo."

Maalinta maahmaahdaasi aan maqlayo, laba gabdhood oo Soomaali ah oo tahriib ah, ayaa habeenkii ka horreeyey noo yimid. Isla maalintiiba, gabdhihii ayaa qado aad yaabaysid oo aannaan beryahaaba cunin noo kariyey. Nimankii Amxaaraad, ayaa markii ay arkeen gabdhihii oo cuntada karinaya, aadna mooddid in ay gurigoodii joogaan, ayay maahmaahdan noo sheegeen. Waqtigaa cuntada inta badan annaga ayaa iska walaaqan jirney, oo ninba maalin ayuu karin jirey. Marmarna dibedda ayaannu ka cuni jirney makhaayadaha muslimka ah.

Gurigii reer Yaasiin ayaannu seexannay habeenkaas. Subixii markii la soo toosayna, gabadhii Saxarla iyada ayaaba igaga galaangal roonaatay gurigii aan anigu keenay! Allaylehe maahmaahdii Xabashidu waa run.

Guriga reer Yaasiin, wuxuu ahaa guri weyn oo waasac ah. Waxa degganaa saddex qof oo kala ahaa; eeddo Khadiija Raage, iyo Yaasiin yare oo ah wiil ay dhashay curaddii Adeer Yaasiin iyo eeddo Kadiija oo magaceedu ahaa Faadumo Yaasiin. Qofka saddexaadna waxa uu ahaa, wiil shaqaale qoyska u ahaa, oo isagu guri gaar ah oo ka go'an deggan. Adeer Yaasiin isagu markan waa mootan yahay, oo dhawr biilood ka hor ayuu xijaabtay (AHN). Qolalka intooda badanina way iska bannaan yihiin.

Waxa goor barqo ah noo timid, Marwo Xaliimo oo ahayd xaaska Xaaji Maxammed Yaasin. Hal cabbaara haddii la iska sheekaystay, oo la qaxweeyey, marwo Xaliimo ayaa soo jeedisay inay rabto, in iyada iyo Saxarla ay israacaan, oo magaalada ku soo minjo baxsadaan. Soojeedintii marwo Xaliimo aad ayaan ugu farxay. Marwo Xaliimo iyo Saxarla waxa la galay gaadhi Marcedez ah oo ay Marwo Xaliimo wadatay. Waxa loo jihaystay dhankaa iyo magaalada iyo meelaha qurxoon ee lagu nasto. Marwo Xaliimo, waa qof aad u furfuran, naxariis badan oo jecel inay qof walba ka farxiso.

Wax la isla maqnaadoba, casar gaaban ayay nagu soo noqdeen, iyada oo aad mooddo laba qof oo weligood is yaqaanney, sida ay sheekada iyo kaftanka isula helayaan. Saxarla waa qof reer magaal ah oo maskax furan, aad iyo aadna isugu kalsoon. Waa qof cid walba awoodi karta in ay la sheekaysato, mawduucyo badan oo kala geddisanna wax ka og oo ka hadli karta. Maalintaas Saxarla waxa ay heshay wehel dumar ah oo ay la wadaagto sheekooyinkeeda, iyada oo ay ka muuqato in ay soo nefistay ayay soo noqotay.

Galabtaa, iska casariyaynay, oo jaanta la isla wada helyey. Goor maqribku soo gelayo ayay marwo Xaliimo na maca salaamaysey. Qasrigeedii weynaa oo aan naga fogeynna nooga ambabaxday. Habeenkaas intayadii kale iska caweyney. Marba cajlado muuqaal ah ku tuurannay.

27

Riwaayado iyo fanaanniin kala geddisan, shirarkii dib-u-heshiisiinta, iyo waayo-waayo iska daawannay.

Subaxdii xigtay, markii aannu quraacannay, ayaan Saxarla u soo jeediyey in aannu maanta labadayadu israacno, oo dhanka magaalada u dhaadhacno. Saxarla way soo dhoweysey soojeedintaydii. Yaasiin-yare ayaan weydiiyey furihii gaadhiga in uu weli hayo, iyo in uu ninkii shaqaalaha ahaa ku celiyey. Yasiin wuxuu yidhi, "abti xalay sidaynu masaajidka uga nimid furihii maan celin weli aniga ayaa haya." Markaas ayaan ka codsaday in uu aniga iyo Saxarla, Harare Gardens nagu soo tuuro. "Haye abti" ayuu yidhi. Muddo kooban gudaheedba Harare Gardens ayuu na geeyey.

In yar baannu lugaynnay, oo beerta dhexdeeda ku warwareegnay. Kaftan iyo sheeko isku tuurtuurnay aniga iyo Saxarla, dabadeedna goob wax laga cabbo ayaannu salka dhignay. Waa meel aad u qurux badan, oo dallado midabbo kala nooc-nooc ah, iyo mudullayaal yaryar oo kala googo'ani ay ka dhisan yihiin. Dhinac walba waxaa kaa soo eegaya, dhir ku lebisan ubaxyo midabbo caynba-cayna leh. Biyo qaarna kor u baxayaan, qaarna sida durdurradii qulqulayaan oo sanqadhoodu isu baxayso. Shimbiro heesahooda farriimaha isugu gudbinaya, ayaa marba dhinac isu weydaaranaya. Shimbirahaas oo u eg, in qaarkood isa sagootiyayaan, qaar is faduulinayaan, qaar isa soo dhoweynayaan, qaar kalena aadba is-odhanayso malaha waxoodu waaba dhoollotus.

Saxarla ayaan su'aalay, sida ay u aragto reerkan cusub ee marti geliyey. Waxa ay iigu jawaabtay, "maanta gabadh gurigoodii joogta ayaan ahay, culays badan iyo welwel badan ayaa iga degay, yididiilo cusubina way isoo gashay intii aan gurigan imid." Runtii, ereyada Saxarla aniga laftayda kalsooni cusub ayay isii geliyeen. Markii aan arkay in ay niyaddeedu deggan tahay, ayaan markii ugu horreysey weydiiyey in ay reerkoodii war isu hayaan iyo goorta ugu war danbeysey. Waxa ayna iigu jawaabtay, in ay maalin dhoweyd hooyadeed wadahadleen muddo kooban, oo aan labo daqiiqo ka badnayn, una sheegtay in gegida diyaaradaha Harare laga soo celiyey.

Waxa aan weydiiyey "hooyo halkee ayay imminka joogtaa, oo aad kala hadashay". "Addis Ababa ayay joogtaa." Waxay ii raacisay, in ay maalintaa hooyadeed uga tudhay inay welwel kale sii geliso oo u sheegto inay dammaanad ku joogto guri reero qalaad oo shisheeye ah. Sheekadii ayaan halkii ka sii waday, waxa aanna Saxarla u soo jeediyey mar hadday maanta guri Soomaaliyeed oo aammin ah joogto, in ay habboon tahay in ay hooyadeed la hadasho. Waxaan ku dhiiriigeliyey, "runta u sheeg hooyo, niyaddana u deji. Hooyo waa in ay ogaataa in manta gacan dad ehel ah oo kuu damqanaya aad ku jirtid. Sidaasna welwel badan ayaa kaga degaya." Aad ayay ugu bogtay fikradaydaas, waxa ayna tidhi, "walaal waa talo wanaagsan."

Saxarla waxa ay iweydiisay, in aan garanayo meel telefoon laga dirsado. "Cabitaankaaga dhamayso hawshaas telefoonku waa sahlan tahaye" ayaan ku idhi. Kolkaas ayay haddana iisoo jeedisay, in aanu tagsi qaadano, si aannu gurigii u tagno oo ay lacag ku filan u soo qaadato, maaddaama ay rabto in ay hooyadeed la hadasho, lagana yaabo in ay waqti dheer qaadato kharash badanna loo baahdo. "Dhib ma leh, hawshaas anaa maaraynaya," ayaan ugu jawaabay.

Intaa dabadeed, cabitaankii ayaanu lacagtiisii iska bixinnay. Dhinacii Safaaradda Maraykanku naga xigtey albaabkii ku aaddanaa ayaannu ka baxnay. Waxa aan abbaarnay telefoonka jidadka (call box/telephone booth), mid khayr qabe ahaa, oo ku yaalley dhabarka danbe ee safaaradda Maraykanka. Dhegta telefoonka ayaan markiiba la booday, 20 senti (20 cents) oo aan jeebka ku sitay ayaan dalaq siiyey. Saxarlana lambarkii hooyadeed ayaan weydiiyey. 00251........., ayay ii boobsiisay. Markii uu dhacay oo aan hubsaday in uu khadka qabsaday, ayaan dhegtii telefoonka sidii wax goynaya hoos si taxaddar leh ugu dhigay. Waxaan maqlay dhiq/click, markaas ayaan si degdeg ah kor ugu celiyey dhegtii haddana. "*Caadkeeda ley*," waa sidaan rabey. Khadkii ma go'in ee sidii buu u dhacayaa. In yar dabadeed, cod wiil yar qof leh ayaa "hello, hello, waa kuma," israaciyey.

"Adeer, Sureer Axmed ma joogtaa?" ayaan wiilkii su'aalay? "Qolkeeda ayaan kasoo eegayaaye, yaa raba" ayuu isii weyddiiyey?

"Adeer gabadheedii Saxarla ayaa rabta."

"Alla waa Saxarla, Alla waa Saxarla, eeddo Sureer, eeddo Sureer, soo orod, soo orod waa Saxarla'e," yarkii oo telefoonkan muhiimka ah hooyo Sureer ugu yeedhaya.

Intii yarku sii maqnaa, ayaan telefoonkii ku wareejiyey Saxarla. Waxa aanna u sheegay, in aanay degdegin, telefoonkana ay ka bogato, inta ay doontona ku hadasho. Hooyo Sureer iyo Saxarla waa la wada hadlay. Si qoto dheerna waa la isu waraystay. Waa la isku ooyey; waa la isku farxay; waa la iswaaniyey; waa la isu duceeyey; talooyin baa la isdhaafsaday. Saxarla, marxaladdihii ay soo martay, iyo waxa ay hadda ku sugan tahay, ayay dabo ilaa dacal uga warrantay hooyadeed. Markii warkii la kala dhammaystay, ayaa Saxarla igu tidhi, "hooyo waxay rabtaa in ay kula hadasho," iyada oo telefoonkii ii soo taagaysa.

Telefoonkii ayaan ka qabtay, "heloo, salaamu caleykum hooyo," ayaan ku idhi.

"Wacaleykum salaam hooyo, sidee tahay iska warran."

"Waa la nabad qabaa hooyo."

"Hooyo, Saxarla ayaa iiga kaa warrantay sida wanaagsan ee aad ugu gurmatay. Maanta Soomaali haad iyo haanraawaa ka dhergey; sidaas ayaa meel walba loo quban yahay; waa nasiibkeen; innagaa dalkeennii iska burburinay. Waad mahadsantahay hooyo. Waxba ku fari maayo; markaagii horeba adiga ayaa is diray; haddana mahadsanid mooyee wax kale ku odhan maayo. Hooyo, Saxardiidoow, waan kuu ducaynayaa in aan Ilaahay belo ku tusin.

"Hooyo waad mahadsantahay, waxba maan qaban, waajibaad aan lahaa ayaan gutay. Insha Allah, haddana belo na arki mayso; idinku noosoo duceeya."

"Ilaahay dhib idin ma tuso hooyo."

"Ammiin hooyo kulligeenba, nabadgelyo." Hooyo Sureer waxa ay hadalkeedii ku soo afmeertay, "hooyo reerka gabadhu la joogtana igu salaan, adiguna gabadhaa walaashaa ah wixii aad la qaban karaysid la qabo, Ilaahay baa kuu soo diraye."

Gebagebadii xaajiyaddii waxa aan qalbiga ugu dhisay, in ay gabadhaa ka welwel la'aato, dhibna aanay arkayn Ilaahay idankii. Aniguna ka Saxardiid ahaan, aanan cidla kaga dhaqaaqayn inta ama aan gacanteeda ku soo simayo, ama meel kale oo aammin ah, oo aan cidina daba socon aan kaga hubsanayo.

Saxarla ayaan telefoonkii mar labaad ku celiyey, si ay hooyadeed isu nabadgelyeeyaan. Markii ay kala dhammaysteenna, telefoonkii bay isa saartay. Dhalalaloow, 20kii senti ayaa soo dhacay. Anna waan sugayaye khaanaddii ayaan gacanta geliyey, oo inta kala soo baxay jeebka dalaq ku siiyey!

Markii aannu ka soo dhamaannay telefoonkii, ayay Saxarla si kal iyo laab ah iigu mahadcelisay, sida aan culayskii hayey ula qaybsaday, iyo sida aan jaalka garab taagan ugu noqday. "Walaal, dhib ma leh waa wax aynu isku leenahay, intaas iyo ka badanba," ayaan ku idhi. Iyada oo qoslaysa ayay igu tidhi, "walaaloow, laakiin waxaan ku weydiiyey, maxaad ku samaysay telefoonka!" Markaas ayaan soo xusuustay sheekadii dhexmartay Khadir iyo Nabi Muuse (Caleyhi Salaam), ee Suurat Al-Kahf la inoogu soo gudbiyey. Waan qoslay. Markaas ayay tidhi, "Wallaahay walaal waan yaabay." "Wax badan oo aad la yaabtid ayaad iga arki doontaa," ayaa jawaabtaydii noqotay. Xoogaa waabsi ah ayaa hadalkan ku jirey. Reer Xamarka ayaa kelmeddaa "waabsiga" isticmaali jireye.

Waxa aan maqli jirey Ilaahoow ruux aan waxba ogeyn ha cadaabin. Saxarla waxa aanay ka war hayn, in aan magaalada Harare afarteeda gees telefoonada irmaan aan wada ogahay. Mid walbana, sida uu u godlado iyo sida loo maalo aan khabiir ku ahay!

Beertii nasashada oo dariiqayaga ah ayaannu dib ugu soo noqonnay. Markaas ayaan haddana waxaan bilaabay in aan tallaabadii tan xigi lahayd qorshayno. Waxa aanna Saxarla weydiiyey, "mar haddii aad gurigaagii joogtid maanta, dadkaagiina la joogtid, hooyadaana aad la hadashay, maxaa xiga oo qorshe ah oo aad isleedahay waa kuu muhiim." Iyada oo aan weli jawaabin ayaan ku sii daray, "arrinta aniga welwelka igu haysaa, waa dammaanadda aad ku joogtid oo markii la doono hay'adaha sharcigu kuu yeedhi karaan. Denbiga lagugu haystaana ma aha mid sahlan. Waa baasaboor Zimbabwe ah oo been-abuur ah in lagugu qabtay. Ninkii aad dammaanada kula joogtay ee Charles haddii la yidhaahdo berrito noo keen, saw ma ogid inuu ku wareejinayo."

"Walaal waxaad sheegaysaa waa runtaa, laakiin, adiga maxay kula tahay in aynu yeelno? Saxarla oo aniga igu soo celisay su'aashii.

Mar haddii taladii dhankayga ay Saxarla u soo riixday, xaajadu waxay u egtahay, "labaatan jir Mudug jooga Ilaahay uma xil qarin". Markaas ayaan is idhi "*bi'i waa Cabdinuuroow...*" Ereygan bi'i waa Cabdinuroow, waxa ay ku jirtey riwaayaddii *"Cilmi iyo Caado."* Oday damdamle ahaa, oo magaca uu ku metelayo riwaayadda uu ahaa Cabdinuur ayaa talo culusi ku soo baxsatay. Waa waqti haween dhawr ah oo uu qabey oo uu kala qarinayey ay xogtoodii bannaanka u soo baxday. Haweenkii ayaa iskumar bustihiisa bannaanka u wada dhigay. Markii haweenkii soo tureen, ayaa talo ku caddaatay. Markaas oo kale qofku nafitisa ayuu la hadlaa isaga oo xaaladdan cosub ee filanwaaga ah ka calaancalaya, ama xal u raadinaya. Odaygii Cabdinuur isaga oo naftiisa canaananaya ayuu hadalkan yidhi, *"aheey ah, aheey ah, bi'i waa Cabdinuuroow, cosobsaan is lahaaye, ceeb uun baa iga raacday!"*

Sikastaba ha ahaatee, saddex arrimood ayaan Saxarla u soo bandhigay: -

1.   In sida ugu dhaqsha badan safaaradda Itoobiya ee Harare aannu u tagno, una sheegno in Saxarla tahay gabadh u dhalatay Soomaali-galbeed, halkanna hoggaanku ugu go'ay, wax

waraaqo ahna aanay haysan. Sidaa daraaddeed, aannu ka codsanno warqad guryo-noqosho (Go home).

2.   In aan Zambia u tahriibiyo oo safaaradda Soomaalida ee Zambia baasaboor Soomaali uga raadiyo. Sidaasna ay Soomaaliya ugu noqoto.

3.   Iyo in aan dalka Koonfur Afrika u tahriibiyo, oo ay dadka Soomaaliyeed ee dalkaas joogta ay wax la qabto. Halkaas dhoof iyo shaqo, iyo ganacsi saddexduba waa ka suurtogal.

Saddexdii qodob marba mid ayaannu is dul taagnay. Waxaannu wax ku cabbirayney dhawr waxyaalood;-

·   Muddada ay hawshaasi ku hirgeli karto
·   Khatarta ka imaan karta mid walba
·   Suurto-galnimada qorshahaasi ku hirgeli karo iyo kharashka ku bixi kara iwm.

Wax talada aannu rogrognaba, waxa aanu aakhirkii isla garannay, in aannu safaaradda Itoobiya ku hormarno. Waqtigan waxa kaabiga noo soo saaran ciiddii Masiixiga. Maalintaasi qiyaastii waxay ku aaddanayd 28/29kii Dec 1995. Maalmaha xigana waa Sabti iyo Axad. Waxa sii xiga, fasixii sannadka cusub ee 1996. Markaa, waxa halkaa ka soo baxday maalmo nasasho oo xafiisayada dawladdu xidhan yihiin. Waxa aannu qiyaasannay in arrintii dammaanada ahayd aanay maalmahan suurtogal ahayn, in maxkamadda ama boolisku codsanayaan, ilaa inta shaqada si dhab ah loogu soo noqonayo, oo ah wixii ka danbeeya Isniinta ku beegnandoonta 7da Janaayo 1996. Si kastaba ha ahaatee, waxa aannu go'aansannay in Safaaradda Itooboiya aannu ka biloowno qorshahayaga. Muddadaa fasaxa masiixiga iyo sannadka cusub lagu jirona, aannu Zambia iyo Koonfurta Afrika xidhiidho iyo waraysiyo la sii samayno.

Intaa markii aannu isla meel dhignay, ayaan Saxarla u sheegay in hawlo iga dayacan yihiin aniga laftayda. Sidaa daraaddeed, aan u baahanahay in aan hawlahaygaas isku soo duwado muddadaas fasaxa ah. Saxarla waxay isu'aashay, "ma hawlo Harare ka baxsan baa, mise waa Harare gudaheeda?" Intaan yara qoslay ayaan idhi, "maya, ee waa Harare gudaheeda." Waxa Saxarla ku soo dhacday, malaha ninkani waa nin iska dawaafa oo waddankaba wuu ka baxayaa haddii uu doono! Waana sababta ay ii weydiisay in hawshaydu Harare ka baxsan tahay iyo in kale. Arrintaana waxbaa ka jira oo socodkayga waddamada gobolku aad buu u badnaa, marmarka qaarkoodna maalin keliya ayaan saddex waddan isaga gudbi jirey. Toloow maxaan qaban jirey?

Saxarla waxa aan la wadaagay in aan guddoomiye u ahay jaaliyad Soomaaliyeed oo magaalada gees kale ka deggan. Maadaama mas'uuliyaddaasi isaaran tahayna, waa in aan ka war doonaa, waxa ay ku sugan yihiin. Waxa kale oo aan ugu daray hooyaday/habaryartay oo bukaan ah ayaa joogta oo iyana aan ka war doonayaa, in aan soo arkona aan u baahanahay. Saxarla waxa ay tidhi, "aan ku raaco oo anna dadkeenna soo arko."

Halkii ayaannu subaxii danbe iska soo raacnay. Waxa aan gaadhi caasi ah ka soo qaadannay Copacabana club hortiisa oo badhtamaha Harare ku yaal. Copacabana club waa gole caways (nightclub), oo ay leeyihiin dadka iska-dhalka ahi. Sidii aannu u soo soconnay ayaannu soo gaadhnay xaafadda Waterfalls ee koonfurta Harare, jidka

Cheviot Road. Waxa aannuna caasigii kaga degnay, dhisme ka kooban baar khamri, iyo dukaammo isku dheggan oo ay ku qoran tahay "DANDARO GROCERIES AND BAR SERVICES". Waaba magac cajiib ah "Dandaro!" Marka aad magaca meesha ku qoran, iyo meesha isu fiiriso, waxa aad isleedahay, oday/islaan Soomaaliyeed ayaaba magaca u bixiyey. Had iyo goor meeshaas, dad ayaa horteeda jooga. Qaar khamri ka cabbaya, oo isku ballansaday. Kuwo ku ciyaaraya meesha horteeda kubbadaha miiska (table tennis, and table soccer). Danlaawe oo dhan ayaa meesha ku kulma. Hore ayaa loo yidhi "magac bilaash ma baxo!"

Markii aannu caasigii ka degnay, dhankaa soo jeedka albaab weyn oo naga xigey dhinaciisa ayaannu u dhaqaaqnay. Kolkii aannu soo gaadhnay albaabkii ayaa nin oday ahi naga furay, "shamwari Saxardiid, uripoo" Markaas ayaan ugu jawaabay "Uripanya heeri, shamwari!" Ereyadani waa salaanta af suuqiga ah ee afka Shonaha, micnaheeduna wuxuu ku dhow yahay; "war waa ninkii saaxiibkay Saxardiid, see layahay." Iyo aniga oo ugu jawaabay, "nimcaa loo go'ayaaye, saaxiib see tihiin idinku."

Ninkii waa ila yara kaftamay, "maanta quruxdii adduunka ayaa kula socota, shakanaka". Inta aan yara qoslay ayaan ugu mahadceliyey "Ndatenda," oo mahadsanid ka dhigan. Intaa dabadeed, waxa aannu gudaha u galnay xero meesha ku taalley oo magaceeda la odhan jirey *Harare Transit Center*. Waa guryo dadka magangelyo doonka ah la dejiyo. Xeradan markeedii hore waxa loo sameeyey oo degganaan jirey xooggagii gobannimo-doonka ANC-da, ee reer Koonfur Afrika. Xoogagaas intoodii ugu danbeysey waxa ay ka guureen sannadkii hore ee 1994, markii Mandela oo madax u ahaa xisbigii ANC uu ku guuleystay doorashadii dalka Koonfur Afrika.

Guryuhu markan dadka kuma filna. Qaxooti badan oo dalalka Afrika ka kala yimid ayaa ku soo jabay Zimbabwe. Dadkana qaybtood waxa ay deggan yihiin teendhooyin. Anigu teendho ayaan meesha ku leeyahay. Degaan cusub oo isku dhex yaacsan, oo carruuro qaxootiya iyo dad Afrikaan ah oo meelo kala duwan ka soo qaxay, sida dalalka Rwanda, Burundi, Angola, Zaire, Koonfurta Suudaan, Itoobiya iyo xitaa Laybeeriya qaar ka yimid ay ku jiraan ayaannu soo galnay. Saxarla malaha gurigan reer Yaasiin ee barwaaqada ah, iyo magaaladan Harare ee dhalaalaysa ayay igu aragtaye, warba uma hayso ninkan Saxardiid ahi inuu yahay *"Baylootkii Qaranka oo biyo dhaaminaya!"*

Sheekadan baylootkii Qaranka oo biyo dhaaminaya, intiinna aan hore u maqal waa sheeko riwaayad hore ku jirtey. Ninkii majaajillada caanka ku ahaa ee la odhan jirey Meecaad Miiggane (AHN) ayaa metelayey sheekadaas. Meecaad biyaha ayuu magaalada u dhaamin jirey oo uu noloshiisa ku debberi jirey. Rag iyo damac lama kala waayee, gabdhihii magaalada kuwoodii ugu dhegta roonaa ee wax isbidi jirey, ayuu damac ka galay. Meecaad gabdhaha waxa uu ugu sheekeeyey, in uu yahay nin caan ah oo adduunka oo dhan laga yaqaanno. Ha yeeshee, beeni raad ma lehe, maalintii danbe ayuu la ballamay gabdhihii. Intii aan waqtiga ballanta la gaadhin ayaa gabdhihii ka soo hor baxeen ninkii Meecaad oo shaqadiisii biyo-dhaaminta ku jira. Wixii ka dhici lahaa ayaa meeshaas ka dhacay!

Gurigii hooyaday/habaryartay Aammina Diiriye Goolle degganayd ayaannu soo galnay, aniga iyo Saxarla.

Salaan iyo soodhoweyn fiican ayaannu la kulannay. Markii aan isbaray dadkii isku cusbaa, ayaa shaah naloogu tuuray. Intii kildhigu dabka saarnnaana, Xamse yare, iyo Ismaaciil (10 jir iyo 12 jir) oo aannu midna habro-wadaag nahay, kan kalena ilma abti nahay, oo ah rag jabsan oo askar ah oo "dugsigayga tababarka ka soo baxay" ayaa cabitaan naloogu diray inay ka soo qabtaan dukaankii Dandaro. Maalintaa Soomaalidii xerada ku jirtey oo saaxiibbo iyo qaraaboba lahaa iyo gabadhoodii Saxarla waa la isbartay. Dhallinyaro reer magaal ah oo rag u badan, oo intooda badani dadkii Xamar ka soo barokacay ahaa ayaa xerada degganaa. Dhawr ka mid ahina waxa ayba ahaayeen raggii Jaamacadda Ummadda dhigan jirey, in kasta oo aanay ku jirin reer Lafoole.

Booqashadii xerada soogalootiga Harare, markii ay noo soo dhammatay, Saxarlana ay dad cusub oo Soomaaliyeed isa soo barteen ayaannu galabnimadii ka soo ambobaxnay halkaas. Gurigii Saxarla degganayd ayaannu dib ugu soo noqonnay. Saxarla muddadii ay guriga reer Yaasiin joogtay, waxa ay wehel iyo gabadhba u noqotay eeddo Khadiija Raage (AHN). Sidoo kalena, eedo Khadiija waxa ay hooyo iyo wehelba u noqotay Saxarla, "waa isla doonasho Ilaah."

Maalmo dabadeed waxa la soo gaadhay 7dii January 1996. Subaxaas aniga iyo Saxarla waxa aannu faraska u kooraysannay dhankaa iyo safaaraddii Itoobiya. Safaaraddu waxa ay ku taallaa meel aad iyo aad u qurux badan, safaarado faro badanina ku urursan yihin, oo la yidhaado Belgravia. Xoghayntii ayaannu ugu horreynba la kulannay. Waxa aannu uga warrannay in gabadhani Itoobiyaan tahay, halkanna hoggaanku ugu go'ay, rabtona inay dalkeedii hooyo ku noqoto, laakiin, aanay wax aqoonsi ah iyo baasaboor toonna haysan. Nin dhallinyaro ah ayuu ahaa, "halkan fadhiisata," ayuu na yidhi.

In yar dabadeed, wuu nagu soo noqday. Wuxuu na yidhi, "in yar samra waa la idiin imaanayaaye." Qunsulkii ayaa noo yimid isla markiiba. Wuu na salaamay. "Maxaan idiin qabtaa," ayuu na yidhi. Sheekadayadii ayaannu uga dhacnay. "Waan idin fahmay" ayuu yidhi, wuxuuna raaciyey, "berrito igu soo noqda, markaas ayaan wixii suurto gal ah idinla socodsiinayaaye."

Maalintii xigtey, ayaannu safaaraddii ku noqonnay. Qunsulkii waxa uu noo sheegay, mar haddii aanay gabadhu aqoonsi haysan, in aanay iyagu ka safaarad ahaan caddayn karin in ay tahay qof reer Itoobiya ah iyo in kale, sidaa daraaddeed, waxba lama qaban karno! Waxa aannu isku daynay in aannu wax uun ku qancinno, laakiin, waxba noogama hagaagin.

Markaas ayaan soo xusuustay heestii (AHN) Maxammed Mooge qaadi jirey ee ay meerisyadeeda ka midka ahaayeen:

"Abidkeeyba waan jirey
Jab intuu dhacaayee
Waaban joogey dunidane,
Wixii uu rag jiitee
Jiilaalku ima karo
Iyo jidiin caddaankuye---."

Saxarla inta aan ku jeestay ayaan ku idhi, "ha welwelin, waxa dhici karta in sidan khayrku inoogu jiree."

"Walaal waa runtaa" ayay iigu jawaabtay Saxarla.

Safaaradda horteeda meel aan ka durugsanayn ayaannu bas caasi ah ka soo raacnay, annaga oo dhankii

39

badhtamaha magaalada soo beegsannay. Magaaladii hoose ayaannu soo marnay oo soo yara taxtaxaashnay. Galabnimadii ayaannu gurigii ku soo noqonnay. Dadkii ayaannu uga warrannay wixii aannu kala soo kulannay safaaradda Itoobiya. Eeddo Khadiijo Raage ayaa tidhi, "Saxarlaay ha welwelin inta Saxardiid inoo joogo farsamo la waayi maaayee".

Salaaddii maqrib ayaan masaajid nagu dhowaa aaday. Markii aan salaaddii ka soo baxay, mise waa saaxiibkay Dr Nuux Yaasiin, oo gaadhigiisii Toyota 4x4 saaran.

"Waryaa Saxardiid, war bal warran?" Dr Nuux.

"Wallaahi waa Dr Nuux, oo goorma ayaad London ka soo noqotay. Reerkii iyo carruurtii ka warran?"

Gaadhigii ayaan soo galay, kolkaas ayuu Dr Nuux yidhi, "aynu sii salaanno xaajiyaddii eeddadeen ee Khadiija Raage, salaadda ayaa iga soo gashayoo markii hore guriga waan soo dhaafaye."

Masaajidka iyo gurigu wax labo ilaa saddex daqiiqo ah ayay isu jiraan marka gaadhi la wato. Gurigii ayaannu kolkiiba soo gaadhnay. Dr Nuux wuxuu markiiba isha ku dhuftay Saxarla oo qolkii fadhiga dhankaa bidixda kursi ku fadhida. Xaajiyaddii iyo Saxarlaba salaan fiican ayuu salaamay. Dabadeedna wuxuu yidhi, "eeddo maanta marti culus baa inoo joogtee" si kaftan ah. Eeddo Khadiijo way kaftan badnayd (AHN). Waxa ay tidhi, "inagama foga. Waa Saxarla oo ina dhaafi mayso." Inta qoslay oo isoo eegay ayuu yidhi, "war Saxardiid!" Intaasi markay afkiisa ka soo baxday ayaan hadalkii boobay oo idhi, "Dr Nuuxoow waa Saxarla gabadhani, oo aniga ayaa la soo baxay!"

"War fiican ayaad sheegaysaa," Dr Nuux oo qoslaya.

Dr Nuux Yaasiin waa kuma? Dhakhtarku waxa uu ka mid ahaa dakhaatiirtii ka qalinjebisay kulliyaddii caafimaadka ee Jaamacadda Ummadda Soomaaliyeed. Hay'ad Samafal oo ka shaqaysa dalka Mosambiig ayuu madax ka ahaa waqtigaas. Waa hay'adda dhakaatiirta aan xuduudda lahayn ee MSF. Waxa uu markaa xidhiidhiyaha guud ka ahaa labada gobol ee deriska ah, ee la kala yidhaahdo gobolka Manica (Manica Province), iyo gobolka Tete (Tete Province).

Muddo yar ka hor markii uu Dr Nuux safarkiisa ugu baxayey dalka Ingiriiska, ayaa sheeko yari ku dhacday. Maalintii uu fiisaha ka dalbanayey safaaradda Ingiriiska, waxa ay wada socdeen, qolyo Ferenji (cadaan ah) oo ay wada shaqayn jireen. Si sahlan ayuuna fiisihiisa ku helay. Hase yeeshee, garoonka diyaaradaha markii uu tegey isaga oo keligii ah ayaa loo diiday in uu ka dhoofo. Sababtuna waxa ay ahayd in baasaboorka uu watey kii Soomaaliga ahaa! Waa dhibaatooyinka Qaran-jabka. Dr Nuux, nin caqli badan ayuu ahaaye, wuu iska soo noqday. Waxa uu kolkaas telefoon u diray, qolyihii Ferenji ee ay wada shaqayn jireen.

Habeenkii danbe ayuu isaga oo wata nin ay wada shaqayn jireen oo "*diir cad*" ayuu garoonkii tegey. Cidiba kuma dhibine si sahlan ayuu u gudbay. Arrinta xiisaha lihi waxa weeye, ninkan Ferenji (ninka cad) ee Dr Nuux wejiga u noqday laguna ixtiraamay, waa nin uu Dr Nuux madax u yahay! Tanina waa dhaxalkii gumeysigu kaga tegey Afrika. Waa in qofka midabka cad loo arko ruux mudan.

Dr Nuux muddadii uu Musambiig ka shaqaynayey, wuxa uu aad u caawin jirey dadkii Soomaaliyeed ee safarka joogtada ah ku jirey. Dakhtarku markii danbe, waxa uu soo wareegay London. Waxa uuna ka sii korodhsaday

41

aqoontiisii caafimaadka oo uu shahaado sare ka qaatay Jaamacadda London, kulliyadda caanka ah ee "London School of Hygene and Tropical Diseases." Dhakhtarku, waxa uu hadda deggan yahay magaalada Laascaanood, halkaas oo uu ka furay Xarun Caafimaad oo la yidhaahdo *TAYASIIR MEDICAL CENTER.*

Saxarla iyo Dr Nuux ayaan isbaray. Sheeko iyo kaftan ayaa meeshii ka dhacday. Dhaktarku, London oo uu markaa ka soo noqday iyo xaaladda Soomaalida deggan ayuu nooga warramay. Dadkii aannu isla garanayney aniga iyo Dr Nuux, ee aan London ku ogaa marba mid weydiiyey. Aakhirkiina Dr Nuux dhankaa iyo Hotel Executive la odhan jirey, oo marka uu Harare yimaaddo, uu ku soo degi jirey ayuu nooga hurdo tegey.

Maalmihii xigey waxa aannu qorshaheeda galnay, mar haddii arrintii Itoobiya socon weydey, in aannu rogrogno, qorshihii Zambia iyo Koonfur Afrika. Zambia markii aannu qiimaynnay, waddo oodan ah, oo waqti dheer u baahan ayay nala noqotay dhowr arrimood dartood: -

- Dhankayga, waxa aan istusay in waqti badani igaga lumayo haddii aan Zambia tago, intaa aan joogona ka Saxardiid ahaan, dan kale oo aan ka qabsan karayaa aanay jirin.
- In aanan Saxarla uga heli karayn cid aan ku aamino, oo ama qoys deggan oo aan garanayo ah, ama macaariif iyo saaxiibbo aan Saxarla ku dhex tuuro oo ay cidhiidhsato (dhallinyaro dumar ah, ama rag iyo dumarba ah oo meel deggan).

42

- In kharash badan oo aannaan xamili karayn nagu soo baxsado. Iyo weliba muddada aannu wax ka daba laabanayno oo aannan garanayan inta ay qaadanayso. Haddiise aan dhanka Koonfur Afrika aado waqti iyo dhaqaale toonna iga lumi maayo oo waan micno aqaannaa sida halkaa laysugu debero. Saaxiibbo iyo macaariif farobadan oo aan leeyahayna waaa igaga horreeyaan.

- In ay dhici karto, in Zambia dadka sharci la'aanta ku jooga la raafo, oo qofkii sharci la'aan lagu helo xabsiyada Zambia loo taxaabo. Arrintani raafku waa arrin muddo markii la joogoba ka dhacda Zambia, oo Soomaalidana dhibaato weyn ku haysa.

- Iyo ugu danbayn, haddii waxba nooga suurto geli waayaan in halkaa Zambia hoggaanku noogu go'o, oo xaajadu noqoto maahmaahdii ahayd, *"geel doono, geeso dhiig leh bay dhashaa!"*

Taladii ayaan Dr Nuux Yaasiin ka qayb geliyey. Waxa go'aankii noqday in Zambia aannu xisaabta ka saarno. Saxarla ayaan iyana isla taladaa u soo bandhigay. Iyada lafteedu, illeyn maba aan ogeyne Zambia way saluugsanayd. Malaha uurkayaga ayaa wada shaqaynaya. Laga yaabee! Mise toloow waxa aannu nahay, masaakiin Ilaahay hagayo. Mise meel kale ayaa nalooga gacan haadinayaa.

Si kastaba ha ahaatee, talo waxay ku soo
ururtay in dhankaa iyo Koonfur Afrika geeddiga loo
lallabo.

2

Safarkii xuduudka

Maalmahan waxaa warbaahinta haysta oo Koonfur Afrika ka bilaabmaya "Koobkii Qaramada Afrika" (Africa Cup of Nations 1996.) Telefishankii aad shidoba, waxa kuu soo baxaya dalkii Koonfur Afrika oo quruxdiisii la soo bandhigayo. Magaalooyinkii bilicda samaa ee ciyaaruhu ka dhici lahaayeen, ayaa marba mid hortaadaa la soo dhigayaa. Tiiyoo aad mooddid, in adiga lagu walacsanayo. Buurihii isdugsanayey, ee Capetown (Table Mountain). Xeebihii ku caanka ahaa libaax-badeedka hoombabaradu gelbineyso ee Port Elizabeth. Beertii dugaagga iyo duurjoogta ee Kruger National Park, iyo ugaadhii mushaaxaysey. Dekeddii cajiibka ahayd ee Durban ee ku taalley dhankaa iyo gobolka Kwazulu Natal. Ha illaawin, dhankaa Gauteng province iyo xaruntii ganacsiga ee Johannesburg, iyo daariheedii samada ku tolnaa. Iyo sidaas oo kale magaalada ay deriska yihiin, waa hoygii caddaanka tirada yari ku faro yaraysteen ee maamulkoodu saldhigga u ahayd, Pretoria.

Durbaba dabayshii Koonfur Afrika saxansaxadeedii ayaa na saaqday. Maalintii ugu horreesey ee ciyaaraha la furayey, ayaa la soo gaadhay. Waa 13kii Janaayo. Waxa lagu bilaabay labada kooxood ee kala ahaa, Koonfur Africa oo marti loo ahaa, iyo kooxda dalka

45

Kameroon. Odaygii Mandela, oo markaa madaxweyne dalka ka ahaa ayaa ciyaarihii furay. In yar dabadeed, waxa garoonkii ku soo hormaray, kooxdii Koonfur Afrika ee loo yaqaanney naanaysta "BAFANA, BAFANA." Waxa dhankeeda iyana kasoo daba gashay, kooxdii Kameroon. Qaddar yar dabadeed ayaa siidhigii lagu dhuftay, labadii kooxoodna loo kala baxay. Waxa aannu galabtaa nahay, aniga, Dr Nuux, Saxarla, Eeddo Khadiija Raage (AHN), Yaasiin yare, iyo Ibraahim oo ahaa wiilkii shaqaalaha ahaa ee reer Zimbabwe.

Ciyaartii ayaa isku dubbadhacday. Illeyn warba uma aan hayne qoftan Saxarla waaba khabiir dhanka kubadda cagta. Weligay maan arag qof haween ah oo sidaa kubadda ula socota. Ciyaartooygii ayayba mid mid u tilmaamaysaa intoodii badnayd. "Lukas Redebe iyo Philip Masinga" ayay noo sheegaysaa inay "England ka ciyaaraan iyo kooxda Leeds United. Mark Williams isna wuxuu u ciyaaraa Wolferhampton Wonders, hebel waa Orlando Pirates, kani wuxuu u ciyaaraa Keiser chiefs!" Kooxahan danbe ee Saxarla sheegayso weligay hore umaba maqal anigu! Oo illeyn Saxarla waxayba ka mid tahay dadka kubaddu qaadatay (football fanatic). Dhanka sharciyada kubadda iyo faallada ayaa ka daran siday u kala dhigdhigayso.

Run ahaantii, habeenkaas aad ayaan u farxay, waxaanna igashay yididiilo hor leh, oo ah in aan ka faa'iidaysto xamaasaddaa iyo farxaddaa, iyo tamartan cusub ee kubaddu ay gelisay Saxarla. Sidaas oo kale, soo bandhigidda quruxdii Koonfur Afrika, ee warbaahintu marba dhinac nagaga keenayeen, muuqaallada midba kii ka horreeyey ka sii bilic roon yahay, waxa ay aniga iyo Saxarla nooga dhignaayeen, "sidii dad uurkayaga og, oo annaga nala shaqaynaya!" Waxa aadba moodeysey, in ay na leeyihiin soo dhakhsada oo dhulkan quruxda badan ku soo dhowaada. Saxarla, durbaba meelo farobadan isha ka buuxsatay, oo maskaxdeeda ku suntatay. Markaan jawigii qiyaasay ayaa waxa ii soo baxday, in ay tahay waqtigii ugu haboonaa, ee aannu u jihaysan lahayn dhanka Koonfur Afrika.

Markii ay ciyaarihii labo maalmood socdeen, oo aannu sheeko kaleba illoownay, Koonfur Afrika iyo ciyaaraha ka socda mooyee, ayaan Saxarla weydiiyey ra'yigeeda, goorta ugu habboon ee aannu safarka Koonfur Afrika galno. Sidii aan filayey, waxa ay iigu jawaabtay, "wax iga kala daadsani ma jiraan diyaar baan ahay dhankayga." Dabadeed waxa aannu go'aan ku gaadhnay in aannu habeen-danbe safar nahay. Eeddo Khadiija Raage (AHN) iyo Dr Nuux ayaannu go'aankayagii la wadaagnay. Way nala qaateen go'aankii safarka. Markii aannu afartayadiiba (aniga, Saxarla, eeddo Khadiija, iyo Dr Nuux) safarkii Koonfur Afrika isla qaadannay, habeen-danbena u muddaysannay, ayaan Dr Nuux iyo anigu goobtii iska raacnay. Wuxuu igu soo tuuray *xeradii qaxootiga.*

Habeenkaas, teendhadaydii isaga hoyday. Xaajiyaddii hooyo ayaan u sheegay inaan safar gelayo berrito haddii Allah idmo. Waxa aanna weydiistay in ay ii ducayso in Ilaahay ii fududeeyo. Hooyona sidii caadada ahayd ducadii ii miistay. Saxarla waxa maalintaa la israacay marwo Xaliimo si ay magaalada uga soo muraadsato. Maalintaas aniguna saaxiibadaydii xerada iyo qoyskayagii ayaan la soo qaatay.

Casar gaaban ayaan xeradii soo weydaartay, aniga oo wixii saabaan aaan ku safri lahaa soo diyaarsaday. Dhankaa iyo halkii aan Saxarla ku ogaa ayaan usoo carraabay. Gurigii aannu ka ambabixi lahayn, markii aannu in yar joognay, mise Dr Nuuxna waa kan. Halkii ayaannu ku cashaynay Dr Nuuxna cabitaan nagula cabbey, isagu wuu xinjir ceshanaaye. Habeenkaasi waa habeen safar. Waa guure habeennimo.

Boorsooyinkii ayaa gaadhigii Dr Nuux lagu tuuray. Eeddo Khadiija Raagena ducadii ayay noogu roonaatay, halkaas ayaannu isku nabadgelyeynay. Yaasiin yarena nabaadiino ayaannu is nidhi.

Isla markiiba Dr Nuux ayaan tilmaantii jidka ugu dhaqaaqay. "Dhanka magaalada hoose u kici mayno ee waxa aynu maraynaa waddadan masaajidkeennan Ridgeview hor marta, dabadeedna haamahaa waaweyn ee korontada dhaliya (power plant) ayaynu hortooda maraynaa. Buurtaa dhirta badan ayaynu sanaageeda qooranaynaa" ayaan markiiba ku idhi Dr Nuux oo aniga iyo Saxarla gaadhigiisii nagu wada.

Markii aannu buurtii soo gaadhnay ayaan ku idhi, "dhanka midig inoo leexi iyo jidka wershedaha (industrial park)." Jidkaa wershadahu ku ururan yihiin waxa aan ku bartay, nin aannu saaxiib noqonnay oo Altaf Xuseen la odhan jirey ayaa wershed dharka lagu farsameeyo ku lahaa oo magaceeda la odhan jirey "Zeenat Fashions." Altaf waxaa dhalay nin aad taajir u ahaa oo wershedo badan iyo ganacsiyo kala duwan ku lahaa Zimbabwe oo la odhan jirey Cabadalla. Odaygaasi masaajidka Ridgeview ayuu ku tukan jirey. Wuxuu imaan jirey isaga oo wata gaadhi Rolls Royce ah ama Bentley ah. Raxan baabuur ah oo wada noocaas ah buu lahaa oo maalinba mid cusub aad ku arkaysid. Marka uu Cabdalla masaajidka yimaaddona waa lagu soo ururi jirey.

Altaf asalkiisu waa reer Bakistaan. Maalin maalmaha ka mid ah ayuu iga codsaday in aan u soo qabanqaabiyo Soomaalida, si ay gurigiisa Qur'aan ugu akhriyaan. Waxyaalaha aan beryahaas dareemay waxa ka mid ahaa; in aan Soomaalida lagu gaadhin Qur'aanka oo cid kula tartami kartaaba ay yar tahay. Altaf, wuxuu maalintaas noo sameeyey qado cajiib ah oo hilib noocyo badan loo sameeyey iyo bariis "macaan," oo malab, sabiib iyo laga yaabee sonkorba in lagu kariyey.

Nin kaftan badan ayuu ahaa, anigana aad ayuu iigu kalsoonaa. Wuxuu igu yidhi, "Brother Saxardiid, bariis macaan lagu kariyey weli hore ma u cuntay?" Waxaan ku idhi, "maya, laakiin aad iyo aad ayaan uga helay." "Waa dhaqankayaga oo *"reer hebel"* baa qabiilkayaga la yidhaahdaa, bariiskan macaanna caan baannu ku nahay". Waan qoslay, markaas ayaan hoos iska idhi toloow malaha ninkan Altaf qabiilkoodu *waa Ogaadeenka Bakistaanta*. Raggii webiga macaaneeyey ayaan soo xusuustay!

Maalintaas uu Altaf qadada noo sameeyey, waxa goobtii ka dhacday, qiso yar oo kale. Qur'aan akhriskii markii aannu dhammaynay, oo qadadii iyo macmacaankiiba aannu ka dheregnay, ayaa cunto badani soo hadhay. Cuntadii soo hadhay ayuu Altaf inta uu ku guray weelkan yar ee cuntada degdegga ah lagu qaato nagu yidhi, "sii qaata." Intii aan cid kaleba hadlin ayaan soo booday, kuna iri, "walaal Altaf, waad mahadsan tahay, laakiin, annagu cuntada la kariyey ma qaadanno!"
"Walaal Saxardiid, in cuntada la qubo ma fiicna, dadkii walaalaheen ee xerada joogay u geeya".

Anigu nin Soomaali ah oo qabkiisii huwan ayaan ahaaye, waxaan ku idhi, "annaga Soomaali ayaa nala yidhaahdaa oo cunto bisil ma qaadanno, ee deriskiinna u geeya cuntadan hadhay." Waxa jirey dhawr sheeko oo kale oo aniga iyo Altaf na dhexmaray, oo ku saabsan ilaalinta qabka. Aad ayuu inta u qoslay yidhi, "kuwii hore ayaan kuugu darayaa, tanna". Nin naga mid ah ayaa caagad yar wax ku soo qaatay maalintaas. Weli meel ayuu iigu qoran yahay ninkaasi. Laga yaabee in uu iga reer magaalsanaa!

Dr Nuux wuxuu soo gaadhay halkii looga leexan lahaa barxadda basaska gobollada aadaa ka baxaan, (astaanka basaska haddii aad reer waqooyi tahay, ama boosteejada haddaad reer koonfureed tahay). Markaas ayaan idhi, "dhismahaas horteenna ah waa Mbare Magistrate Court, markaa dhanka midigta uga leexo, waddadaas ayaa toos inoo geyneysa astaanka basaska. Soo noqodkaagana, halkan markaad soo gaadhid, midigtaada oo imminka ah bidixdeenna uga leexo waxa ay kugu ridaysaa waddadii magaalada hoose tooska u geli jirtey."
Markaas ayaa Dr Nuux iweydiiyey, "oo dhankee ayay magaalada ka gelaysaa waddadani?" "Waxay kugu ridaysaa jidkii hormarayey dukaankii hilibka ee Axmed Xaaji Cali Kooshin. Dabadeedna masaajidkii weynaa hortiisa ayay maraysaa. Markaas ayaa Dr Nuux yidhi,"haa si fiican ayaan u gartay." Bal hadaddaba, aan in yar ka idhaahdo Mbare Magistrate Court iyo dukaanka hilibka ee Axmed Xaaji Cali Kooshin.

Mbare Magistrate Court: Laba mar ayaan dacwad u imid maxkamaddan. Mar waxaan u imid in aan turjumaan u noqdo oday Soomaaliyeed. Odaygaasi sida annagu aannu u arkayney xaqdarro ayaa lagu haystay. Waxase dhacday, markii aan maxkamadda soo gaadhay, halkii aan turjumaan ka ahaan lahaa in aan isu beddelay "q*areen*." Nasiib wanaag, Ismaaciil nin la yidhaahdo, oo ila socday ayaa kaalintii turjumaanka isna markii aan qareenka noqday qaatay. Ninkii odayga ahaa oo boolisku ay ahaayeen cidda dacwadda ku oogeysey, oo weliba, sida ay ku dacwiyayeen ay ku hayeen caddaymo qalab ah, in kasta oo annagu aannu aaminsanayn in mu'aamarad loo soo maleegay, kiiskiisii aan difaacayey waan ku guuleystay. Ninkii maalintaa ila socdey ee Ismaaciil waxaan ku ogaa isaga oo deggan magaalada Birmingham ee UK.

Ninkii gacanyaraha u ahaa maxkamadda (court clerk) ee kiiska la rabey in uu u gudbiyo xaakimka, ayaa markii uu booliska xogtii ay gudbin lahaayeen ka dhegeystay, anigana su'aalo odayga iyo dhankiisa ah iweydiiyey. Wixii aan qabey ayaan u sheegay. Afkoodii ayay ku wada hadleen booliskii iyo ninkii maxkamadda gacanyaraha u ahaa. Waxay iga codsadeen in aan inyar sugo. Waxa kale oo ay noo sheegeen in Ismaaciil u tago ninka maxkamadda madaxda uga ah turjumaannada (chief interpreter) oo warqad dhaar ah u soo saxeexo. Intii aan sugayey ayay go'aan wada gaadheen booliskii iyo xoghayihii maxkamaddu. Way noo yeedheen aniga iyo Ismaciil. Waxay yidhaahdeen, "ka warrama haddii aan kiiska halkaas ku xidhno, odaygana xorriyaddiisii aannu dib u siinno." Annaguna waxa aan nidhi, "waxba kama qabno." Odaygii oo meel shabaq-shabaq ah ku xidhan, oo ay ku wada jireen dad kale oo maxkamad sugeyaal ah, ayaa naloo soo daayey. Halkiina isaga oo xor ah aannu iska soo raacnay.

Mar kalena maxkamadda Mbare eedaysane ahaan ayaa la ii keenay aniga oo nin reer Zaire ah (DRC) toorrey geliyey. Darwiish xanaaqay ka soo qaad!

Markaasna si fudud ayaan u guuleystay. Waxa ku mahadsan Marwo Xaliimo oo qareen Zimbabwe caan ka ahaa oo reerkooda oo dhammi ay qareennimada ku shaqayn jireen ii qabatay. Qareenkayga magaceeda weli ma illaawin "Shareen Axmed". Lacag yar oo u dhigantey US $13 ayaa la igu xukumay. Isdifaacis nafeed (self-defence) ayaan ku dacwooday in ay toorreydu ahayd, dabadeedna qareenkii ayaa dacwad lagu qanci karo soo bandhigtay, mindidii ninka ku dhacdayna waxa laga soo qaaday waxa loogu yeedhay faldenbiyeed iska caadi ah "common assault."

Maalintii xigtay, waxa aan u socdaalay dalka Malawi. Waxa xusid mudan baasaboorka aan safarkaas ku gelayo waxa lahayd gabadh Soomaaliyeed. Baasaboorkaasi wuxuu ahaa nooca loogu talogalay safarrada degdegga ah. Waxa laga lahaa dalka Tanzania. Ma ahayn mid gal ama jeldi leh. Wuxuu ahaa warqad hal bog ah. Waxa loogu yeedhi jirey, "Emergency Travel Document." Sidee ayay toloow ku dhacday, baasaboor Tanzania laga leeyahay, oo gabadhi leedahay in aan ku socdaalo? Maxaase igu kallifay in aan ku dhiirrado safarkaas?

Marka aad nolosha la halgameysid, dhallinyarona aad tahay, waxa dhacda in aad khataro badan u badheedho. Qaar ka mid ah, khataraha aad soo martay yaraantaadii, marka da'i kuu kordho ee aad dib u fiiriso, waxa laga yaabaa in aad adiga laftaadu rumaysan weydo.

Birre oo afar maalmood kahor ka yimid Malawi ayaa wuxuu ii sheegay in badeecad taalla magaalada Harare ay suuq fiican ka leedahay dalka Malawi. Markaa iyada ah lacag waan haystaa, laakiin, waxa aanan haysan baasaboor aan ku safro. Waan yara fekeray, markaas ayaan Birre weydiiyey, "gabdhihii aad maalintii dhoweyd Malawi ka keentay, maxay ku soo safreen oo dalkan aad ku soo gelisay?" Birre wuxuu ii sheegay in gabdhahaasi ay wateen waraaqihii socdaalka degdegga ah ee Tanzania (Tanzanian emergency travel document.)

Markaa dabadeed, ayaan haddana su'aalay Birre, "ma u malaynaysaa in aan gabdhahaas midkood baasaboorka ka heli karo." "Aniga ayaa labadoodii basaboorba haya" ayaa Birre iigu jawaabay. Markii aan ogaaday in saaxiibkay Birre baasaboorradii hayo, ayaannu magaalada hoose u dhaadhacnay. Waxa aannu beegsannay meel aan ku aqaanney niman sameeya shaabbadaha cinjirka ah (rubber stamp makers). Nimankii ayaannu sheeko hallaasi ah u dhisnay, si aanay u ogaan sababta aannu shaabbadda u rabnaa inay tahay wax-isdabamarin iyo been-abuur. Haddii ay ogaadaan in waxayagu been-abuur yahay, labo arrimood mid kood ayaa dhici lahayd; in ay lafahooda u baqaan; ama in ay lacag farobadan nagu dallacaan.

Saaxiibkay Birre ayaannu ku heshiinnay in uu metelo qunsulka safaaradda Tanzania u fadhiya Harare. Aniguna waxa aan sheegtay in aan ahay xogyahaha koowaad ee safaaradda. Sababta aan Birre ugu doortay qunsulku waxay ahayd, in Birre ahaa nin aad u hilboon, da' ahaanna uu u muuqday nin iga weyn. Waxa aannu nimankii u sheegnay, in safaaraddii laga xaday qalab iyo lacag khaanad ku jirtey. Baasaboorkii waraaqda ahaa ee aannu sidannay ayaannu tusnay oo shaabadda aannu rabney ay ku taalley. Waqti badanba kuma ay qaadan in ay noo sameeyaan shaabaddii aannu rabney.

Markii aannu shaabaddii helnay ayaannu sawirkii gabadha ka fujinnay baasaboorkii, kaygiina aannu ku beddelnay. Hase yeeshee hawl kale ayaa nagu soo baxday, oo ah in meesha "shaqada qofka" (occupation) ay ku qornayd "xaas" (housewife). Arrinkaa waannu u fekernay, waxaannu go'aan ku gaadhnay in aannu qalinkii ku qornaa mid u eg raadsanno, dabadeedna, xarriijin dusha ka marinno meeshii ay ku qornayd housewife. Markaas ka bacdina aannu korkeeda ku qorno "dareewal" (track driver). Ugu danbaynna aannu saxeex iyo shaabbad dusha ka saarno. Sidii ayaannu yeellanay.

Subixii xigey waxa aannu aniga iyo Birre u dhaqaajinnay dhankaa iyo Malawi, aniga oo magacaygu yahay "Muumina Yaasiin Boolloow." Dhib yaraan ayaan ku galay Malawi.

Axmedweli Maxammed Warsame oo Habarwadaaggay ah, ayaa maalin ka bacdi waddadii aan shalay soo maray lafteedii soo maray. Malawi iyo Zimbabwe xuduud ma wadaagaan, waxa u dhexeeya Musambiig. Markaan soo gelayey Malawi waxa aan ka soo galay dhanka Musambiig iyo xadka magaalooyinka Zobue oo Musambiig ah iyo Mwanza oo Malawi ah (Zobue - Mwanza Border Post Crossing). Axmedweli maalintaa uu xadka soo marayo wuxa uu watey baasaboor Kenyan ah. Ilaahay amarkii, wuxuu ku soo beegmay, nin hay'adda socdaalka u shaqeeya (immigration officer) kaas oo aan anigu shalay soo maray. Ninkii, Axmedweli ayuu qabsaday, wuxuu ku haystaa "ninkani isaga oo baasaboor Tanzanian ah wata ayuu shalay galab halkan ka gudbay, oo uu noo dhaafay dhanka Malawi!"

Aniga iyo habarwaadaagay Axmedweli waannu isu egnahay, sidaa daraaddeed, ninkani nin xusuus badan ayuu ahaa oo wuu isku soo kaaya soocay. Axmedweli maalintii danbe ayaannu magaalada Blantyre ee dalka Malawi ku kulannay. Isaga oo qoslaya, ayuu igu yidhi, "in aad Malawi shalay soo gashay waxa la iiga soo sheegay, xauduudka Mwanza." Markaas ayaan weydiiyey cidda u soo sheegtay. Kolkaas ayuu iiga sheekeeyey, isaga iyo ninkii hay'adda socdaalka ee xadka joogay wixii dhex maray.

Axmed Xaaji Cali Kooshin: Waa nin Soomaali ah oo waqtigaa aan ka sheekaynayo ee 1995/6 qiyaas ahaantii cimri siddeetanaad ku jirey oo ku dhashay "Salisbury ama Harare". Aabbihii waa Xaaji Cali Kooshin oo intiinna dhegmaalka ahi aad ku garan kartaan sheekada, *"from butcher to king very high jump."* Xaaji Cali Kooshin sida la sheego wuxuu ka mid ahaa markiisii hore rag Soomaaliyeed oo Ingiriisku ka keenay maxmiyaddii Somaliland. Raggaasi 'sida la sheego' waxa ay la socdeen geel laga soo rogey dekedda Beira ee dalka Mosambiig (hadalkan ma xaqiijin karo, kamana maqal Axmed X. C. Kooshin). Geelaas ujeedkiisu wuxuu ahaa sida la sheegay; in nimankii Ferenji ee dhulka marayey ay saxaaraha Kalahari Desert ee dhanka Namibia iyo Botswana dhaca ku sahamiyaan.

Xaajigu Salisbury ayuu markii danbe degey, wuxuuna ka furtay dukaan hilib. Adigu si kale kuma garatide, waxaad ka soo qaddaa, *"kabadhe liddoor."* Xaaji Cali Kooshin wuxuu madax u ahaan jirey dadka Muslimiinta ah ee Rhodesia (Zimbabwe) deggan. Soomaalidii hore dad aad u dhiig kulul oo gacan fudud ayay ahaan jireene, intii aan Zimbabwe joogey waxa la iiga sheekeeyey, in dharaar ay badhtamaha Salisbury gacanta isku saareen rag Soomaaliyeed oo Xaaji Cali Kooshin hoggaaminayey oo tiradoodu konton nin ahayd, iyo rag Hindi ah oo tiradooda lagu sheegay laba boqol. Dagaalkaasi wuxuu ku soo gebageboobay Hindidii labada boqol ahayd oo magaaladii laga saaray. Guushaasi Soomaalida waxay u soo hoysay qaddarin iyo in aan lagu soo degdegin.

Aakhirkii, Xaaji Cali Kooshin wuxuu ku noqday dhulkii Soomaalida, wuxuuna reerkooda oo reer Berbera ah, u noqday Suldaan. Xaajigu beero, ganacsi, iyo dadba wuu kaga tegey Rhodesia (Zimbabwe). Ninkan Axmed ee dukaanka Harare ku lihi waa wilkiisii.

Dr Nuux sidii qorshuhu ahaa wuxuu ugu danbayn na geeyey astaankii basaska waaweyni ka bixi jireen. Halkaas ayaannu Dr Nuux isku nabaaddiineyney. Nin dhulkan hore u mari jirey ayaan ahaaye, markiiba meeshii baska aannu rabno uu ka bixi jirey oo aan aqaanney, ayaannu shandadihii u walwaalannay. Waxa aannu nimid baskii magaalada Beitbride rugtii uu ka bixi jirey. Beitbridge waa magaalo dhanka xuduudka Zimbabwe iyo Koonfur Afrika iska galaan ku taalla. Waqtigu waa fiidnimo, qiyaastii siddeedii iyo badhkii weeye saacaddu (20:30). Tikidhadii ayaannu ugoosannay HARARE-BEITBRIDGE. Dukaan meesha ku dhowaana, Ayaan ka soo qabsaday cabitaanno, buskud, tufaax, muus iyo rootigan macaan (brioche). Qiyaastii sagaalkii iyo badhkii fiidnimo (21:30) ayaannu astaankii Mbare ka dhaqaaqnay. Waxa aannu markiiba weydaarannay xaafadda *Sunningdale*, waddada hormarta cusbitaalka la yidhaahdo *Beatrice Road Infectious Diseases Hospital* ayaannu sii hor marnay.

Waxa aannu foodda saarnay waddada weyn ee Koonfur Africa u baxda ee la yidhaahdo A4.

Welwel hor leh ayaa markiiba nagu bilaabmay aniga iyo Saxarla. Anigu nin xuduudkan iyo kuwo kale oo badan oo dalalka Afrika ah hore u mari jirey ayaan ahaye, waxa aan Saxarla dheerahay, waxa naga hor imaankara ayaan qiyaasayaa oo qorsheyaal badan ayaa maskaxdayda ka guuxaya. Saxarlase waa markii nolosheeda ugu horreysey iyada oo aan wax waraaqo sharci ah wadan oo tahriibaysa in ay u badheedho jid iyo jiho aanay garanayn waxa ay kala kulmi doonto. Waxa kale oo intaa u sii dheer, cabsida ah, haddii mar labaad sharci darro lagu qabto Zimbabwe gudaheeda, iyo weliba inay kuwii dammiintay laftooda ka soo baxsatay oo iyana maskaxdeeda aanay weli ka go'in!

Habeenkii oo dhan basku wuu nala sii guuraynayey. Dhulku isuma dhowa. Ugu yaraan, qiyaasta, 600km ayaa na sugaysa. Si kastaba ha ahaatee, qorshaha aannu xuduudka kaga gudbi doonno ayaan Saxarla sii dhacsiinayey, waxa aanna kula ballamay in ay kelyo adaygto. Saxarla, diinta aad bay u taqaanney, waxaanna qiyaasayaa inay aniga iga badisay. Waxa kale oo sida ay ii sheegtay ay aad u daawan jirtey filimada, buugaag bandanna waa qof akhriday. Sidaas darteed, waxay ahayd qof maskaxdeedu ay waxyaalo kala kaan ah isu min-guurin karayso, oo indho furan. Waxa kale oo ay ahayd qof kalsooni iyo dhiiraanaanba leh.

Si kastaba ha ahaatee waaberigii ayaa baskii nala soo istaagay magaaladii Beitbridge ee xuduudka Zimbabwe iyo Koonfur Afrika. Rakaabkii baskii ayuu ka daatay. Qof waliba shandadiisii ayuu tiigsaday.

Kolkii aannu shandadihii baska kala degnay, ayaan dhankayga bidix ku arkay gaadhi yar oo taagan oo muusik ka shidan yahay. Inta aan dhankiisa u dhaqaaqay ayaan ku idhi "kunjaani." Zinkoone ayuu markiiba ii celiyey. Ereyadani waa salaanta qolada Ndabella ee koonfurta Zimbabwe deggan. Tagsi, ayaan haddana idhi, iyo farta oo aan dhankiisa u taagay. Sure, (haa) ayuu markiiba haddana ii celiyey. Saxarla ayaan durbadiiba ku idhi, "ina soo geli tagsigan." Meelaha xuduudaha ah intiinna aan waayo-aragga ku ahayn, waxa aan u sheegayaa laguma daaho astaanka/boosteejada. Hareerahana aad looma eeg-eego oo lama baalladaymoodo. Waa meelaha laga tilmaansado dadka khashiinka ah ee soogalootiga ah.

Darawalkii tagsigu wuxuu iweydiiyey; "where to?" oo ah halkee ku geeyaa? Kolkaas ayaan ku idhi, "take us to the mosque!" Masaajidka na gee. Mosque? "Masaajid" ayuu yidhi, sidii wax aanu garanayn. Markaas ayaan ku idhi, "Islamic Church".

"O, yes," Haddaan gartay, ayuu yidhi.

Meelaha aan dadka Islaamka ahi ku badnayn, ereyga Masaajid in aanay garan ayaa laga yaabaa, markaa Islamic Church haddaad tidhaahdo waad isfahmaysaan. Markaas ayuu dhankii masaajidka noola dhaqaaqay. Anigu masaajidka hore uma arag, dhawr jeer oo horese magaalada marba dhinac waan uga gudbay. Ninkii siduu noo sii wadey ayuu meel guri yar ah, deyrna ku meersan yahay hortiisa na dhigay, oo yidhi, "here is your place", ama waatan meeshii aad u socoteen. Ka degnay, lacagtiisiina u dedejinnay.

Waqtigu weli waa cilcillow oo waagu waa dillaacay welise qorraxdii ma soo bixin. Salaaddi subax dabadeed weeye. Albaabkii masaajidka inta aan ku soo dhowaaday ayaan idhi "asalaamu cleykum." Haddana, mar labaad ayaan aniga oo kor u sii qaadaya ku celiyey "ASALAAMU CALEEEYKUM". Albaabkii intaan la furin ayaa qof masaajidka gudihiisa ka yidhi, "that voice sounds familiar!" Taas oo ka dhignayd, codkaasi, cod aan garanyo ayuu u egyahay. Dabadeedna dhankii albaabka ayaannu maqallay sanqadh usoo socota.

Markii uu qofkii aannu sanqadhiisa maqleyney albaabkii furay ayuu inta istaagay oo indhaha iga buuxsaday ayuu qosol ku soo dhuftay, "this is unbelievable, brother Saxardiid!" Intan oo u dhiganta "war bal yaabkan iyo lama aragtan kaalaya, waa walaalkay Saxardiid. Ninkan masaajidka aannu iska helnay waa nin madoow oo cimri lixdamaad ku jira oo aad u hilboon, oo timo adag oo cirro ubadan leh. Saxarli way ashqaraartay. Waxaan soo xusuustay dharaartii telefoonka ee aan hooyadeed la hadalsiisay, kelmeddii aan ku idhi ee ahayd "wax badan oo kaa yaabiya ayaad arki doontaa."

Toloow odaygan Afrikaanka ahi kumuu ahaa? Xaggee isku barannay? Ma wax buu nagu biirin doonaa, mise wax buu naga bi'in doonaa?

Bal horta inta aynaan ka jawaabin su'aalahan aan idiin sawiro magaalada aannu joogno ee Beitbridge. Magaaladani waxay ku taallaa xuduudka labada dal ee Zimbabwe iyo Koonfur Afrika. Waxa mara webiga Limpopo oo ah kan labaad ee ugu dheer qaaradda Afrika. Webiga Zambiisi keliya ayaa ka dheer. Waxa ayna Johannesburg u jirtaa qiyaastii 500km. Webiga magaaladan maraa, waa mid yaxaas badan oo dad-qaad ah lagu yaqaanno. Sannad walba waxaa la weriyaa in dad webiga ka tallaabaya, oo ama tahriibayaal ah, ama dad alaabo sharci darro ah la dhuumanaya; amaba xitaa dadka degaanka ah oo labada daamood isaga tallaabaya, in ay noqdaan soorta yaxaaska. Dad badan oo tahriibayaal ah, oo Soomaaliyi ku jirto, oo weliba qaar aan garanayo ayaa yaxaasku halkaa ku haleelay iyaga oo ka tallaabaya.

Sida caadada ah, magaalo-xuduudyadu waa meelo khatar badan, oo la isku furto, la isku khashiinsado, qofkii isaga oo dagan laga helo si fiican ayaa looga muraadsadaa. Waxa ka shaqaysta Maafiyooyin isku xidhan oo dillaal iyo mallaal ah. Waxa loo kala gudbiyaa xuduudahaas badeecado sharcidarro ah, maandooriyeyaal iyo dad tahriibayaal ah. Soomaalida muuqaalkeeda oo Afrikada badideed ka duwan, ayaa ka dhigay "tuke canbaar leh" oo muuqaal duwanaanshahoodaas ayaa lagu soo tilmaansadaa. Qaabiil Maxammed oo aannu walaalo nahay (habarwadaagay iga yar) kana mid ah dhallinyaradii looxa socdaalka iyo isdebberidda qurbe-nacaska iga meersatay ayaa mar igu yidhi sidatan; "marka aan Afrika dhexdeexa ku tahriibayo waa marka keliya ee aan is-idhaahdo Ilaahoow yaa Afrikaanka kale kuu ekeysiiya, si aan meel fog lagaaga bidhaansan!" Qaabiil imminka isaga ayaan wax ka bartaa. Waa nin waayo arag ku ah nolosha, wax bandanna soo maray, khataro badan oo la yaab lehna ka soo badbaaday. Waxyaalaha qaar Koonfur Afrika uu kusoo maray, oo uu markii danbe iiga sheekeeyey waan u qaadan waayey.

Beitbridge waxa ay magaca ka dhaxashay, mid ka mid ah saancaddihii gumeystaha ee Afrika dhiigga ka miirtay. Waa saancadihii inta soo duuleen dadkii dhulka lahaana gumeystay khayraadkii dhulkoodana xaalufiyey.

Alfred Beit ayaa loogu magac daray, oo ahaa nin Dheemanta iyo Dahabka ka qodan jirey geyiga Afrikada koonfureed. Mr Beit Waxa ay saaxiib ahaayeen marna shuraako ahaayeen Cecil J. Rhodes. Mr. Rhodes, mar ayuu Raysalwasaare ka noqday taliskii midabtakoorka ku dhisnaa ee Koonfur Afrika. Markii danbena ganacsade ayuu noqday. Ninkani dhankii Koonfur Afrika inta uu ka soo wareegay, ayuu "ku habsaday" dhul cusub, oo dhanka waqooyiga ka soo xiga.

Mr Rhodes waa ninka loogu magac daray Rhodesia dhulkii loo yaqaanney. Waa dalalka aynu imminka u naqaanno Zambia iyo Zimbabwe, oo midkoodna la odhan jirey Waqooyiga Rhodesia, kan kalena la odhan jirey, Koonfurta Rhodesia (sida ay u kala horreeyaan). Labadan nin tacaddiyo aad u foolxun ayay Afrika ka geysteen.

Cecil J. Rhodes, waxa uu taallo ku leeyahay magaalada Oxford ee dalka Ingiriiska. Taaladaasi waxa ay ku taalla Jaamacadda Oxford horteeda. Sannadkii dhoweyd ee 2020, markii dadka madowga ah ee dunidu ka gadoodeen, kana dhiidhiyeen, dilkii ninkii madoobaa ee George Floyd ee dalka Maraykanka sida arxandarrada ah loogu dilay, taallada Rhodes faro ciddi leh ayay kaga baxsatay in la dumiyo. Taalladani dood weyn ayay dalka Ingiriiska ka dhalisay, in la rido iyo in ay sii taagnaato. Muddo dheer boolis ayaa ilaalin jirey, si aan dad cadhaysani cagta u marin, si la mid ah, sidii ka dhacday, magaalada Bristol ee dalka Ingiriiska. Edward Colston oo ahaa, nin ka mid ahaan jirey dadkii madowga addoonsan jirey, kana ganacsan jirey, ayaa dad cadhaysani taallo looga dhisay magaalada Bristol ee dalka Ingiriiska ay cagta mariyeen. Qalfoofkii taalladana, ay ku tuureen webi ka-ag-dhowaa goobta taalladu ku taalley.

Calaf iyo Cugasho

Maantadan aan qoraalkan qorayo, oo ah 10kii
June 2021, waxa shaqo joojin sameeyey barayaashii wax
ka dhigi jirey, Jaamacadda Oxford. Gaar ahaan kulliyadda
loo yaqaan Oriel College oo ah halka taallada muranku ka
taagan yahay ee Cecil Rhodes ay ku taallo. Barayaashu
waxa ay ku andacoonayaan, "in Rhodes uu astaan u yahay
islaweynaanta caddaanka, iyo midabtakoor." *"Rhodes
stood for white supremacy and racism."* Waxa kale oo
intaa ku darayaan barayaashani, in taalladani ay ka dhigan
tahay in gumeysigii reer Yurub uu ahaa wax fiican oo la
majeerto. *"...the statue glorifies colonialism"*. Jariidadaha
Daily telegraph iyo The Guardian ayaa sidaa qoraya 10kii
June 2021.
Shabakadda BBC-duna waxay qoraysaa sidatan: -
Ku dhowaad 150 macallimiinta Jaamacada Oxford
ayaa diiday in ay wax ka dhigaan kulliyad ka mid ah
kulliyadaha Oxford, markii ay kulliyaddaasi go'aansatay
inay taagnaato taallada muranka badan dhalisay ee Cecil
Rhodes.
*"About 150 Oxford University academics are refusing to
teach at one of its colleges after it decided to keep its
controversial statue of Cecil Rhodes."*

Marka aan arko magacyadan iyo kuwo la midka
ah, ee gumeystuhu Afrika kaga tegey; kuwaas oo ay ka
midka yihiin Livingstone, Francistown, Salisbury, Lake
Albert, Lake Victoria, Victoria Falls iyo qaar kaloo badan,
waxa maskaxdayda ku soo dhaca, toloow haddii aan Sayid
Maxammed iyo Daraawiishi hubka qaadan lahayn, malaha
Berbera waxa maanta la odhan lahaa Port Burton.
Sheekhna Mount Churchill. Burcona Gibbtown.
Magaalada Beerna, laga yaabee in loogu yeedhi lahaa
Corfield fields!

62

Wadaadkii masaajidka aannu ugu tagnay markii uu yidhi, "codkan inaan garanayo ayaan u malaynayaa", dabadeedna markii aannu albaabka ku kulannay ee uu ihubsaday, uu haddana yidhi "waa walaalkay Saxardiid," ayuu si kal iyo laab ah isugu kay duubay. Madaxa iyo labada dhaban ayuu iga dhunkaday. Aniguna intii oo kale ayaan sameeyey. Saxarla, weli way yaabban tahay. Waxayna isleedahay "ninka Saxardiid ahi, malaha waaba waraabe la hadal!"

Ninkii odayga ahaa, "gudaha soo gala" ayuu na yidhi. Masaajidkii ayaannu gudaha u galnay. "Halkan fadhiista oo ha is martiyaynina" ayuu na yidhi. Markii aannu salka dhulka dhignayba, wuu na weydaartay. Qol deyrka masaajidka dhexdiisa ku yaalley buu garaacay. Haweenay ku jirtey ayuu la hadlay. Malaha warkayaga ayuu u sheegay, iyo in marti culusi u fadhido.

Intii uu sheekhu haweenayda dhankeeda ku maqnaa, ayaa Saxarla ay heshay ammin yar oo ay igu su'aasho, "ninkani ku garanayaa, ee sida fiican inoo soo dhoweeyey, muxuu ahaa? Waddankeese ka yimid? Aniga oo markaas suuraynaya, waqtigan waaberiga ah ee aannu soconno, sida sahlan ee Ilaahay sheekhan noogu soo beegay, iyo rajada ii sawirantay, ayaan su'aashii Saxarla iweydiisay, maansadan kaga jawaabay: -

Inkastooy salaad hore
Tahay subixii waaberi
Inkastooy Siraadeey
Sebigiyo dhallaankiyo
Safar ruuxa mooyee

Calaf iyo Cugasho

Dadku ay sariiraha
Badi ay sitaacaan
Maan saluugin waayaha
Siin baan circa u diray
Sirna waa ku ladhan tahay
Siigadan kacaysiyo
Sanqadhuhu imay dhibin
Wax sansaanka muuqdiyo
Suuraduhu ay dhigayaan
Sawir weeye nabadeed
Waa salaama geeddigu
Ninkan ina salaamee
Weegaartay seeskuna
Suufi weeye Caalim ah
Iyo ruux la saanyado
Saryankiyo ugaadhiyo
Haadka samada duuliyo
Waa nin saba dugaaggoo
Seetiyo kuxidha dabar
Zansibaar dhankeediyo
Dhulka reer Sawaaxili
Waa laga siyaartaa
Saarka iyo jimankana
Nin sanceeya weeyaan
Saaxiibkay weeyaan
Waa Siciid Kawaakibi

Sheekhu waa Sheekh Siciid oo asal ahaan ka soo jeeda dalka Gaana ee galbeedka Afrika (Ghana). Sheekh Siciid, muddo dheer wuxuu ku noolaa Ardu-Sawaaxil. Waa nin afka iyo dhaqanka Sawaaxiliga la falgalay oo ku milmay. Si fudud haddii aan idiinku sheego, "waa nin reer

Ghana ah oo Sujuu ah". Kal hore, mar aan lugta soo mariyey magaalada Lillongwe ee dalka Malawi, ayaan sheekha kula kulmay. Waxa ay hotel wada degganaayeen Axmed-weli Maxammed Warsame oo walaalkay ah (habarwadaagay). Axmed-weli ayaa dhaqaalayn jirey oo wadaadku dugsan jirey. Axmed-weli isaga laftiisu waa xubin ka mid ah "bayloodada qaranka!"

Sheekh Siciid, waa nin Suufiya oo iska dawaafa oo fooxiisa iska shita. Sheekhu, xilligaa aannu Malawi isku barannay, ayuu iweydiiyey, "waa sidee xaalka Zimbabwe iyo Koonfur Afrika." Markii aan uga warramay, ayuu ii sheegay in uu jeclaystay, in uu mar cagta soo mariyo dalalkaas, isaga oo laga yaabo inuu istusay in ay yihiin meelo weli dihin, xirfaddiisa suufinimadana uu kaga xoogsan karayo.

Wadaadkii waxa uu iweydiiyey haddana, "sidee loogu kala gudbi karaa dalalkaas." "Dhib badan ku arki maysid" ayaan ku idhi, waxa aanna u raaciyey "haddii aad Zimbabwe soo gaadho saaxiibbo badan oo Muslimiin ah ayaan ku leeyahay, waana niman dadka jidaasha ah gacan qabta." Sheekhu hadalkaygii maalintaa, wuu u guuxay. Wuxuu iweydiiyey "xaggee kaa soo beegsadaa ama kuugu soo hagaagaa, haddii aan Zimbabwe imaado."

Adduunku ma ahayn adduunkan maanta ee qof waliba telefoonka gacanta uu sito. Mana jirin email iyo messenger sidan maanta oo kale daraf walba iyo dal walba laga helayo. WhatsApp, iyo Facebook, iyaga warkoodaba ha sheegin, maba dhalan. "Masaajidka weyn ee Harare ayaan badanaa imaaddaa markaan magaalada u soo dhaadhaco" ayaan Sheekh Siciid ku idhi, aniga oo markaa yiqiinsaday in ay wadaadka ka go'an tahay, in uu go'aansaday safarka dalalka koonfurta Afrika.

Malahaygii ma khaldanayne, maaalin Jimce ah, salaaddii Jimce dabadeed, aniga oo masaajidka weyn ee Harare ka soo baxaya, ayaan arkay nin isha ila sii raacaya oo raba in uu ihubiyo ka hor inta aanan masaajidka dibedda uga bixin. Waan yara jalleecay. Mise qoodh iyo xero, waa sheekh Siciid. Ma laha sheekhu saddex maalmoodba masaajidka dhinac uma dhaafin, oo intaa wuxuu ku ducaysanayey, "Ilaahoow ninkii Saxardiid mar indhaha kuu saar." Wuxuu ku jirey, xaaladda la yidhaahdo *"indho garad ku waayee"* waa sidii Saxarla maalintii koowaad ee aannu kulannay ay ku sugnayd oo kale. In badan ayaa aniga laftayda *"indho garad ku waayee"* igu dhacday, oo aan keli ku noqday meel aanan qofna ka garanayn, iyada oo duruufo kalena ii weheliyaan.

Waxa aan xusuustaa, bishii Agoosto ee 1995, mar aan badeeco ka qaaday Zimbabwe, oo aan geeyey magaalada Blanytre ee dalka Malawi. Alaabtii ayaa igu fadhiisatay, oo aan suuq u waayey. In aan alaabtii suuq u waayo, waxay lahayd welwelkeeda. Waxa kale oo ii dheerayd, in aan waayo cid aan u cawdo oo dhibka ila dareenta. Waa halka Soomaalidu ka tidhaahdo "baroordiiqdu, meydka waa ka badh." Badeecadii igu fadhiisatay, inta aan bakhaar ku xereeyey, ayaan magaalada Lillongwe, oo ugu yaraan 350km ii jirta aan bas u goostay. Ujeedadayda safarkaygaasi waxay ahayd, in aan halkaas ku ogaa dad Soomaaliyeed.

Muddo todobaad aan ku qiyaasayo markii aan joogey, oo aan dadkii Soomaaliyeed ku soo nefisay, wax xoogaa dillaal ahna aan ka soo helay alaabo aan kala wareejiyey, ayaan Blantyre iyo halkii badeecaddu ii taalley ku soo noqday. Nasiib wanaag, waxa aan imid, iyada oo saddex nin oo Soomaaliyeed ay Blanytre joogaan. Badeecadaydiina Ilaahay ayaa albaab u furay.

Sheekhii markii aannu isa salaannay, ee uu iiga warramay xaalkiisa, ayaan su'aalay in uu rabo inuu Zimbabwe sii joogo, iyo in uu u gudbayo dhanka Koonfur Afrika. Dhanka Koonfur Afrika in uu damacsan yahay, in uu u tallaabo ayuu ii sheegay. Markaas ayaan usoo jeediyey, in aan xaalkiisa ubandhigo jamciyadda Islaamka rag aan ka aqaanno, si ay muraadkiisa ugu fududeeyaan.

Intaa markii aan usoo jeediyey, ayuu igu yidhi, "brother Saxardiid, hal arrin keliya ayaan kaa codsanayaa." "Haye sheikh maxaan kula qabtaa," aniga oo yara walaacay oo isleh armaa sheekhu wax aanad ahayn ku mooday, culays aanad qaadi karinna dusha kaa saaraa. "Raggan Muslimiinta ah ee wax haysta, adigu nin ka mid ah iskaaya bar, xaalkaygana uga warran in aan ahay sheekh safar ku jira." Wadaadka warkiisa si fiican ayaan u fahmay.

Reer Xamarka ayaan ka maqli jirey iyaga oo yidhaahda "adigu qofkaas/qoftaas iskaaya bar, anaa fidsanayee!" Sheekhu, waa nin-karmeed raba in uu arrinkiisa fidsado. Isla markiiba waxaan baray Cumar Cabdalla oo xafiis masjidka ku dheggan ku jira. Cumar Cabdalla waa nin taajir ah, kana mid ahaa maamulayaasha Bhadella Wholesalers. Waa bakhaarka jumlada lagu iibiyo oo markaa Harare ugu weynaa.Waxa looga soo dukaamaysi tagi jirey ilaa Tanzania. Aniga laftayda, ayaa dhawr mar badeeco uga qaaday Malawi.

Sheekhu arrinkiisii ballaadhsay gacan fiicanna loo fidi. Dabadeedna, dhankaa iyo Koonfur Afrika ayuu ambobaxay. Laakiinse, Beitbridge markii uu marayey ayuu arkay inay tahay meel dihin. Halkaas ayuuna bustihiisa dhigtay oo masaajidkii magaalada cumde u noqday.

Markiiba shoolad yar bay bannaanka ula soo baxday haweenaydii sheekhu hurdada ka kiciyey. Kildhi ayay u tuurtay. Ammin yar dabadeedba, falaas shaaha oo barraad ah oo caano lagu kariyey ayay na soo hordhigtay. Sheekhu markii uu koobkii koowaad ku dhuftay, ayuu inta soo jeestay yidhi, "Saxardiid, ii warran, safar inaad tihiin waan arkaaye, xaggee ku jeeddaan?" Waxa aan u sheegay, in aannu Koonfur Afrka u soconno.

"Masaajidka in aan joogo, ma hore ayaad u maqashay, mise Ilaahay ayaa isla soo keen doontay" isaga oo ilkocadaynaya ayuu i su'aalay.

"In aynu dad xaq isku leh nahay, ayaa Ilaahay ogaa, Ilaahay ayaa nasoo hagey, war iyo wacaal toonna kuuma aannan hayn," ayaan ugu jawaabay.

Markii aannu intaa is nidhi, ayuu isaga oo weli dhoolla cadaynaya yidhi, "Saxardiid, tell me about this princess?" Oo micnaheedu yahay boqoraddanina tuma ayay ahayd? Markaas ayaan ugu jawaabay, "Sheekh gabadhan waa xaaskayga. Dhowaan ayaan guursaday" (Ilaahoow beenta iga cafi). Waxayse ila tahay, waa mararka beenta la inoo banneeyey markan oo kale. Sheekhu wuu qoslay, markaas ayuu Saxarla si niyad ah soodhoweynina ka muuqato u salaamay, oo yidhi, "dumaashiday ayaad tahay soo dhowoow."

Sheekhu quraac buu noo diray. Quraacdii waa naloo keenay. Iska quraacannay, wixii Eebbe nooga calfay, in kasta oo aanan quraacda dhadhankeeda jeclaysan, haddana marba sheekha ayaa igu dirqiya.

Intii aannu quraacaneyney, ayaan sheekha uga warramay in Saxarla aanay baasaboor ay ku socdaasho haysan, sidaa daraadeed loo baahan yahay sidii xuduudda looga gudbin lahaa. Isaga oo aan weli ii jawaabin ayaan sii raacsaday oo su'aalay, inuu wax ka yaqaanno dadka xuduudda wax ka gudbiya. Sheekhu wuxuu yidhi, "dhib ma leh wixii aad Beitbridge uga baahan tahay waa laguu qabanayaa. Aniga ayaad marti ii tihiin. Igu duub wixii halkan kaaga xidhma." "Mahadsanid Sheekh, waa sidaan kaa filayey, kalsooni badan ayaan ku qabaa in aanad waxba iga hagranayn," aniga oo yara faraxsan. "Iska nasta oo hotel dega, galabtana iga soo war doon," sheekh Siciid oo noo qalbi qaboojinaya.

Nin buu nagu daray. Ninkii wuxuu na geeyey hotel aan ka fogeyn masaajidka. Intii ninku na sii wadey, oo aannaan weli hotelkii gaadhin ayaan mantagay. Waxa aan lahaan jirey dhanjaf (migraine), inta badan marka uu igu kaco waan mantagi jirey, balse mantagaas waan ku nefesi jirey. Waxase subaxaas ii dheeraa quraacdii oo aanan dhadhankeeda jeclaysan, oo ladh caloosha ah (lalabo) igu kiciyey. Saxarla waxay mar danbe ii sheegi doontaa, maalintaa aan mantagayo ee aannu xuduudka geerigo'anta ah joogno, inay ahayd maalintii ugu naxdinta badnayd muddadii safarka aannu kuwada jirney.

Maalintaa waxa ay sawiratay (siday ii sheegtay) "ninkii keli ahaa ee u badheedhay in uu la halgamo oo halkaa ku geeriyooday, iyo waxa xaalkeedu noqon lahaa haddii sidaasi dhacdo!" Allase kama dhigin, tay ka baqaysey. Hotelkii ayuu ninkii na geeyey. Muddo aan labo saacadood ka badnayn markii aannu joognay, ayaan Saxarla ku idhi, "shandadaha ha inaga furfurin ee sidooda inoogu daa hotelkan waynu ka guuraynaaye."

"Xaggee ayaynu u guuraynaa, maxaase sababay in aynu hotelkii la ina dejiyey ee la inagu ogaa aynu ka guurno?"

Calaf iyo Cugasho

Aniga oo sababaynaya soojeedintaydii, kana jawaabaya su'ashii Saxarla, ayaan idhi, "ogaanshahaas la inagu ogyahay laftiisa ayaa sababaya in aynu ka guurno." Nasiib wanaag, waxa aan ka hadlayey markiiba way ila fahamtay.

Hore sida aan idiin ku sheegay, Saxarla waxay ahayd dadka filimada daawada, waxayna markiiba iiga sheekaysay filim ay mar daawatay oo maafiya ku saabsanaa, iyo sida qof aad naseex moodaysaa kuu dagi karo, oo aamminaaddaada uga faa'iidaysan karo. Aad iyo aad ayaan ugu farxay, fahamka degdega ah iyo foojignaanta labadaba. Iyo khibradda filimada laga dhaxlo sida noloshaada loogu dabikhi karo.

Sababta aan Hotelka uga guurayey waxay ahayd, in aan ka gaashaamanayey, ninkii sheekhu nagu soo daray in uu dabin noo qoolo. Waxa dhici karta in ninkaasi uu farta noogu soo fiiqo saaxiibadiis oo boolis ah ama ka tirsan laanta socdaalka. Waxa kale oo dhici karta, waa nin magaaladiisii jooga'e in uu tuug noo soo tilmaamo. "Tab hayoow, lagaa tab hayee."

Tagsi ayaan raadsaday, Saxarlana sii diyaar garoow ayaan ku idhi. In yar dabadeed, aniga oo tagsi wata ayaan soo noqday. Shandadihii ayaannu halhaleel ugu tuurnay, annaga oo sanqadhtiranayna. Iyada oo aan cidi na ogaan ayaannu hotel kale oo meeshii ka yara durugsan aannu degney. Markii xilligii qadada la gaadhay, ee aannu wixii Alle noo calfay cunnay, labadayadii keliyana aanu nahay, ayaa Saxarla waxa ay iweydiisay, sida aannu sheikh Siciid isku barannay, iyo in uu yahay nin la aammini karo iyo in kale.

Markii hore, si guudmar ah ayaan ugu sheegee, marakan, si faahfaahsan ayaan sheekadii sheekha, iyo wixii aannu isla soo marnay uga dhacay. Dabadeedna, sheekadii way ila fogaatay. Waxa ay iila gashay dhacdooyin kale oo dalalkan Afrikada koonfureed iga soo maray.

Sheekooyinkaa waxa ka mid ahaa sheeko igaga dhacday magaalo Masvingo la yidhaahdo oo isla dalka Zimbabwe gudihiisa ah.

3

HANAD-YARIHII GOBTA AHAA

Masvingo: Bilowgii bishii Maarso ee 1995, goor subax ah ayaannu safar isu diyaarinnay. Waxa aannu ciidnay ciiddii fitriga laba maalmood hortood maalinta aan safarkan gelayno. Habeennimadii ka horreysey safarkayaga, ayaa nin oday ahi nooga sheekeeyey in ay jirto meel dalxiiska loo tago oo ku taalla duleedka magaalada Masvingo ee koonfurta Zimbabwe. Intaa waxa kale oo uu noo raaciyey, in meeshaasi uu ka baxo geedka qaadku. Waxa aannu ahayn rag dhallinyaro ah oo aan wax camal ah hayn. Isla habeennimadii aannu warka maqallay, ayaannu annaga oo saddex nin ah ku tashannay in aannu goobtaas dalxiiska, qaadkana lagu sheegay aadno.

Waa aniga Saxardiida, Cabdi-dheere oo reer bariga Burco ah, iyo Cabdiweli Jaanbiir oo reer galbeedka Burco ah. Cabdiweli Jaanbiir ayaa warkii hore waxa uu noogu ladhay, war kale oo safarkii nagu sii dhiirrigelinaya. Cabdiweli wuxuu yidhi, "Magaaladaa Masvingo ee goobta dalxiiska u dhow waxa deggan nin dhakhtar ah, oo Soomaali ah, oo reer Hargeysa ah." Waaba khayr kale oo soo kordhay.

Subuxii markii aannu quraacanayba, kabaha ayaannu hore ka illanay. Waxa aannu u jihaysannay xaruntii ay basaska gobolladu ka bixi jireen. Baskii sagaalka subaxnimo u baxayey Masvingo oo diyaar ah ayaannu la kulannay. Hore ayaannu ka galnay. In yar dabadeedna jihadii koonfureed ee Masvingo jidkeedu u kacayey ayuu cagta saaray. Shirkadda basaska ee Zimbabwe Union Bus Companies (ZUPCO) ayaa baskaa lahayd.

Goobta dalxiiska loo tago, magaceeda waxa la yidhaahdaa "Great Zimbabwe Ruins." Waa dhismeyaal quruumo hore ka tageen oo aad qaddiimi u ah. Waxa ayna ku taallaa buuro guudkood. Magaca dalka Zimbabwe waa meesha uu asalkiisu ka yimid. Taariikhyahannadu weli iskuma raacsana xilliga dhismahaasi la aasaasay, iyo cidda deggnanaan jirteyba. Laakiin, waxa ay badi isku raacsan yihiin, in goobtaa dhismaheedu socday muddo qarniyo gaadhaysa, dad xadaarad lihina ay ku noolaan jireen, loona malaynayo boqortooyin inay ahaayeen. Goobtani waxa ay ka mid tahay Xarumaha Hay'adda UNESCO u aqoonsatay Dhaxalreebka Dunida (World Heritage site by UNESCO.)

Waxa la yaab lahayd, dhiirranaanta iyo degdegga aannu go'aanka ku gaadhnay, in aannu meel kaymo ah oo cidla ah, oo aan waxba nooga horrayn aannu iska aadno, annaga oo markayagii horeba qaxooti ahayn. Soomaalidu bilaash uma maahmaahdo, waa tii hore loo yidhi "labaatan jir inta uu geed ka boodo, ayuu talo ka boodaa."

Casar dheer ayaannu soo gaadhnay magaalada Masvingo oo ahayd magaaladii naloogu sheegay in dhakhtarka Soomaaliyeed deggan yahay. Markiiba waxa aannu haybsannay cusbitaalkii naloogu tilmaamay in dhakhtarku ka shaqayn jirey ee Masvingo General Hospital. Tagsi ayaannu ka qabsannay astaankii aannu baska kaga degnay. Nasiib darro, waxa aannu cusbitaalkii tagnay, iyada oo dakhtarkii Soomaaliga ahaa ka rawaxay. Waxa aannu waraysanay shaqaale aannu meesha kula kulannay. Shaqaalihii waxa aannu ka helnay cinwaankii guriga dhakhtarka. Tagsi kale ayaannu ka qaadannay cusbitaalkii. Waxa aannu tagsigaas kaga degnay gurigii dakhtarka hortiisa.

Dakhtarkaa magaciisa koowaad keliya ayaannu haysannay oo ahaa Dr Cali. Wiil reer Zimbabwe ah oo markaas beerta guriga waraabinayey, ayaa markii uu na arkay dhankii albaabka oo aannu taagnayn u soo dhaqaaqay. Wuu na salaamay. Salaan bacdigeed, waxa aannu u sheegnay in aannu nahay qaraabada Dr Cali. Dhankii guriga ayuu aaday si uu nooga wargeeyo.

Inyar dabadeed, Dr Cali oo aan wejigiisa farxadi ka muuqan ayaa nugu soo baxay. "Salaamu caleykum," iyo "caleykum salaam," ayaanu isdhaafsannay. Salaan dabadeed, wuxuu na weydiiyey waxa aannu u soconnay. Cabdiweli Jaanbiir ayaa ku yidhi, "dhanka Koonfur Afrika ayaannu u soconnay, nooliga aannu sidanaana naguma filna, waxa aannu kuugu nimid in aad wax nagu biirisid."

Dr Cali hadalkiisii wuxuu ku bilaabay canaan ahayd; "Meel walba waxaad ku arkaysaa, dad Soomaali ah, oo si indho la'aan ah isaga socda, oo waxay doonayaan aanad garanayn. Umnadaha kale ku arki maysid, wax sidaas oo kale ah. Maxaa idin kaga horreeya Koonfur Afrika. Yurub baan dhowaan tegey, waxaan ku soo arkay sidiinaas oo kale qaar Holland, Jarmalka iyo Ingiriiska, marba dhinac u dillaamaya."

Cabdi-dheere ayaa isna hadal aanan imminka xusuusnayn ku yidhi dhakhtarii. Dr Cali, aad buu u dhibsaday hadalkii Cabdi-dheere, "waa kan oo miidhan dadka aan sheegayaa," ayuu yidhi Dr Cali. Dabadeedna, dhaliil ayuu bilaabay uu Soomaalida ku tilmaamayo ma shaqaystayaal iyo dad aan dantooda aqoon. Inankii beerta u waraabinayey ayuu farta ku fiiqay oo yidhi, "ninkan beerta waraabinayaa Secondary school ayuu kabaxay waana kaa aad arkaysaan oo naftiisa ku debberaya inuu beertaas waraabiyo".

Markii uu hadalkii dhammeeyey ayaan aniga oo xanaaqsan ku idhi, "war adeer annaga ha noo dardaar werin, annagana ha isaga kaaya dhigin qof samada ka soo dhacay oo super intelligent ah, adiguba Soomaali baad tahay waana adigaa najaxay, annana haddii aannu fursad helno adiga kaa liidan mayno, ee adeer nabad gelyo." Markaas ayaan nimankii aannu wada soconnay ku idhi, "war inaga keena ninka."

Markii aannu ka dhaqaaqnay, ayuu arkay in aannu jiho khaldan aadnay. Markaas ayuu naga daba dhawaaqay Dr Cali, oo isaga oo na tilmaamaya yidhi, "waryaadhaheen, haddii aad Harare ku noqonaysaan" inta farta ku fiiqay jihadii aannu u dhaqaaqnay mid aan ahayn, "maxdadaa baska ka raaca." Waa maalintii iigu horreysey ereyga "maxdad."

Meeshii basku soo mari jirey markii aannu muddo kooban fadhinay, oo aannu isagii (Dr Cali) higgaadinayno, ayaannu aragnay isaga oo meel nagu dhow soo socda, oo ilmo yar gacanta haya. Waa maqrib cadceeddu sii libdhayso. Sidii uu u soo socday, ayuu noogu yimid bartii aannu fadhinay. Wuxuu nagu yidhi, "waryaadha, ina keena caawa aniga ayaad ila joogaysaane." Markaas ayaan ugu jawaabay, "belaa kuu hoyata." Dabadeed wuxuu yidhi, "ninkan yar ee ila socda, oo aan aabbe u ahay ayaa idin ku dhaartay, markaa wiilkan yar ee aad adeerka u tihiin caawa u hoyda haddaba." Wiilkii aannu adeerka u ahayn ayaannu codsigiisii aqbalnay.

Goobtii ayaannu shantayadiiba iska soo raacxnay. Gurigii markii aannu nimidna, waxa aannu ugu nimid, haweeney caddaan ah oo ahayd xaaska Dr Cali, iyo ilmo yar oo kale oo wiil ah. Si fiican ayay xaaskii noo salaantay oo noo soo dhoweysey. Cabitaan ayaa na loo keenay. Madax xanuun ayaan dareemay, kolkaas ayaan odaygii u sheegay in madaxu ixanuunayo. "Hore ma u lahaan jirtey madax xanuunka" ayuu iweydiiyey. "Haa, dhanjaf baan leeyahay." Markaas ayuu kacay oo dhankii qolalka guriga mid ka mid ah aaday.

Sidii aan isu lahaa isaga oo kiniini kaarjebin ah wada ayuu kugu soo noqonayaa, ayuu isaga oo irbado yar yar wata igu yidhi, "madaxa dib u yara celi." Anigii yaabay, haddana is-idhi war ninku waa dakhtare taladiisa qaado. Dhawr irbadood oo yaryar ayuu labada dhafoor iyo salaanta hore igaga turqay! Koob biyo cad ahna wuxuu igu yidhi, "cab." Irbadihii oo iga taagan ayuu noqday. Haddii aanan hore u maqli lahayn, in Shiinuhu isticmaalaan irbado, oo wax ku daweeyaan, shaki badan ayaa igu dhalan lahaa (Chinese acupuncture therapy).

Markii uu naga tegey, ayaan labadii nin ee aannu wada soconnay inta ku jeestay, aniga oo kaftamaya ku idhi, "war ninku miyuu idilayaa. Waa maxay irbadahan uu neerfayaasha iga taagey." Aad bay u qosleen. Haddana hadalkii baan sii watey, oo labadii nin ayaan kala saaray oo aan ku idhi, "war Cabdi-dheeroow, ninkan reer galbeed waxba ku hallayn maayo oo waa shisheeyee, haddii aan dhinto iga war gee." Cabdiweli Jaanbiirna, isaga oo isdifaacaya ayuu yidhi, "hadda ninkan aad iga xigsanayso, idinkaa deris ah oo reerahiina wax dhexmaraan, armaan anigu kaaga roonan lahaa."

Ilaa iyo markii aannu guriga ku soo noqonnay, wiilkii yaraa, ee aabbihii la socday nagama tegin, oo wuu na ag fadhiyey. Intii itaalkayaga ah waannu la sheekaysanayney. Dr Cali ayaa nagu soo noqday irbadihii oo weli iga taagan. "Wax isbeddel ah ma dareemaysaa," ayuu iweydiiyey. "Xoogaa ayaan yara nefisay." Dabadeed irbaddii salaanta igaga taagnayd ayuu hoos iigu sii riixay. Muddo yar dabadeedna irabadihii oo dhan wuu iga saaray. Madax xanuunkiina sidaas ayaan kaga ladnaaday.

Dr Cali habeenkii aad buu noo sooray. Wax badan ayaannu sheekaysannay, mararka qaarkoodna dood ayaannu geleyney. Weliba aniga dooddaydu way badnayd, habeenkaas. Wuxuu nooga sheekeeyey in uu reer Hargeysa ahaa, kana mid ahaa dhallinyaradii aqoonyahanka ahaa ee Kacaanka saluugtay. Wuxuu noo sheegay in uu aad ugu farxay bilowgii markii nidaamkii Kacaanku burburay, Hargeysana uu booqday markii dib loogu soo noqday. Waxa kale oo uu noo sheegay, in uu dhowaan Hargeysa ku noqday, aad iyo aadna uga niyad jabsan yahay sida dagaallada beeluhu uga dillaaceen, oo maamulkii Somaliland ee ay dhisteen aanay waxba uga faa'iidin.

Waxa uu aad uga niyad xumaa, dayaca ka muuqda dadka, iyo adeegyadii bulshada oo meeshii ka baxay. Waxyaalaha kale ee uu xusay waxa ka mid ahaa, sida siyaasiyiintu aanay aragti bulsho lagu horumariyo u hayn, ee mid waliba jeebkiisa iyo jilibkiisa hoose ugu mashquulsan yahay. Wiilka yar ee habeenkaas nagu dhaartay ee aabihii ku yidhi, "guriga adeerraday loo diiday anigu joogi maayo, ee ama way ina la joogayaan caawa, ama anigu iyaga ayaan raacayaa" weli magiciisu maskaxdayda kama bixin. Magaciisa waxa la odhan jirey HANAD.

Hanad da'diisu qiyaastii waxay ahayd 7-8 sano jir. Ku darso oo Hanad hooyadii Jarmal bay ahayd. Hanad

77

fiidkii oo dhan waannu sheekaysannay, waxana ka muuqatay in uu joogitaankayaga aad ugu faraxsanaa.

Dr Cali wuxuu ahaa nin Soomaali ah, oo qalbi wanaagsan. Waxa aannu la kulannay, isaga oo ka niyad jabsan Soomaalida, oo haddana Hargeysa ku soo qalbi jabay, Yurubna ku soo arkay Soomaali badan oo aan waxba ka korodhsan, oo qaarna qaad iyo balwado kale ku mashquuleen, qaarna maalinba dal qaxootinnimo cusub isaga dhiibaan.

Waxyaalaha aanan illaawayn muddadii aan Dr Cali martida u ahayn waxa ka mid ah, in aanu mar qudha na weydiin Soomaali cid aannu ka nahay, iyo gobol aannu ka nimid toonna. Gabadh gob ah ayuu qabey, oo aad noo soo dhoweysay oo xitaa af Soomaali nagula hadashay intii karaankeed ah. Waxa aan xusuustaa subixii markii ay quraacda noo keeneysey ayay af Soomaali nagu tidhi "rootiga ma laws baan idiin soo mariyaa mise malab iyo badhar" (butter).

Dr Cali habeenkii oo dhan wuu na waaninayey, weliba wuxuu aad noogu waaninayey haddii aanu fursad helno, in aannu wax baranno. Subaxnimadii si fiican oo gabannimo leh ayuu noo sagootiyey. Saddexyadii lacag buu na siiyey oo yidhi, "qaybsada." Haddana, gacanta inta gaar ii qabsaday, oo gees iila baxay, ayuu lacag dheeraad ah si gaar ah iigu laabay oo yidhi, "tani adiga ayay gaar kuu tahay, nin rag ah ayaad tahay, waad iska kay celisay!" Hanad subixii aannu ka soo ambobaxayney gurigooda, aad buu noo sii eegayey, oo ilaa intii aannu ka libdheyney wuu na sii qooraansanayey. Weli sawirkiisii wuu ii sii muuqdaa, maskxadaydana ka bixi maayo inta aan noolahay. La arkee, mar in aannu kulanno Hanad iyo anigu. Ilaahay waxba kuma aha.

Maanta oo ah 3dii May 2021, waxa aan boggayga Facebook ku soo bandhigay, sheekadii Hanad. Ujeedadaydu waa: -

·   In aan ka mahadceliyo gobannimadii Hanad-yare, iyo qoyskooda dhammaantood.

·   In dadka Soomaaliyeed dhacdadan ogaadaan, wax ka bartaan, kuna daydaan.

·   In aan fursaddan uga faa'iidaysto, in dadka Soomaaliyeed isla kaaya raadiyaan, aniga iyo qoyska Dr Cali wixii ka nool.

Haddii Ilaahay idmo, inta aan buuggan qorayo, wixii war ah oo igaga soo noqda, sheekadan Hanad-yare, waan idinla wadaagi doonaa. Waxa aan aamminsanahay, in Soomaalidu tahay, hal qoys oo la heli doono cid garata qoyskan gobta ah ee aan raadinayo.

Saxarla markii aan sheekadii Hanad yare uga dhacay, ayaan saacadda eegay, mise waxay ku dhowdahay waqtigii aan Sheekh Siciid la ballansanaa. Masaajidkii oo aannu sheekha ku ballansanayn ayaan dhankiisa u kacay. Saxarla, iyada keligeed ayaan qolkii kaga tegey.

"Salaamu caleykum, sheekh Saciid." "Caleykum Salaam, walaalkay ii warran," isaga oo ay ka muuqato nin isugayey inuu yahay, "xaaskii meeday, kulama socoto miyaa?" ayuu sii raaciyey. Markaas ayaan aniga oo la kaftamaya ku idhi, "walaal, waad taqaannaa tahriibka, Afrikana in badan ayaad ku socdaashay, ma qof aan sharci lahayn oo la tahriibinayo ayaa bannaanka loo soo saaraa." Inta uu yara qoslay ayuu yidhi, "Saxardiid hawlahan si fiican ayaad u taqaannaa, waan ku faraxsanahay."

Intaa dabadeed, waxa aan weyddiiyey "maxaa inoo kala danbeeyey?" Waxa uu iigu bishaareeyey, in uu

79

diyaariyey laba nin. Nimankaasna uu kalsooni badan ku qabo in ay Saxarla xuduudka ka gudbinayaan. Wuxuuna ii sheegay in berrito duhurkii ay hawshaas fulin doonaan. Waan uga mahadceliyey sheekha, shaqada uu ii qabtay, waxa aanna u sheegay in sheekadu halkaas noogu xidhnaato.

Dhankii hotelkii aannu degganayn ayaan markaas dib ugu soo noqday, aniga oo war farxad leh u wada Saxarla. Habeenkaas qol laba sariirood yaallaan ayaan aniga iyo Saxarla seexannay. Duruuf ayaa keentay in aannu isku qol degno, waa tii hore loo yidhi "*dani waa seeto.*"

Wixii aan sheekha kala soo kulmay ayaan Saxarla la wadaagay. Markii aannu salaaddii cishe tukannay, ayaannu wixii duco aannu naqaannay dudubbinnay. Qur'aan badanna waa akhrisannay. Daal badan ayaa nahayey, oo habeenkii hore waa annagii guuraha ahayn, welwelna waa noo dheeraaye, halkii ayaannu ku gataati-dhacnay. Saxarla oo salaaddii subax tukanaysa ayaan ku toosay. Kolkaas ayaan anna soo booday oo saladdii oogay. Saxarla kitaab Qur'aan ah ayay la soo baxday oo akhris ugu dhaqaaqday, waa tay odhan jireen "markay dagan tahay ayay Alle taqaan."

Duhurnimadii markii la soo gaadhay ayaan sheekhii u tegey. Sheekh Saciid wuxuu ii sheegay, in wax walbaaba diyaar yihiin. Kolkaas ayuu inta farta ku fiiqay qol naga soo horjeeda, dhinacaa bidixdana naga beegan ayuu yidhi, "qolkaas bay nimankii ku jiraan." Lacagtii ay ku hawl geli lahaayeen cadadkeeda ayaan weydiiyey. Markii uu cadadkii ii sheegay oo aan aqbalay, ayuu igu yidhi, "marka aad gabadha u keentid, nimanka lacagtooda ku wareeji." "Sheekh Saciidoow, labadeennu waynu naqaannaa dadka xuduudaha ka shaqaysta, iyo khiyaamooyinkooda iyo hagardaamooyinkooda, anigu lacagta adiga ayaan kuu dhiibayaa. Marka ay hawshooda soo bogtaanna waad siinaysaa." Sheekhu nin waayo arag ah ayuu ahaaye, aad iyo aad buu ugu bogey soojeedintaydii wuxuuna yidhi, "waa fikir wanaagsan, sidaas ayaan yeelaynaa."

Maxaa xigi doona? Ma laga yaabaa in Saxarla xuduudka lagu qabto? Ma dhici kartaa inay halkaas dhib hor lihi ka bilaabanto? Khatarta tahriibku ma dhammaato ilaa tahriibku dhammaato! Mar walba waa in aad wadnaha farta ku haysaa, ilaa iyo inta aad meeshii ugu danbeysey ee qorshahaagu ahaa aad ka gaadhayso.

4

Ka tallaabidii xadka

Hawshii weyneyd ayaa gudagalkeedii si dhab ah u bilaabmay. Intii hore, arrintu waxay ahayd dejinta khidadda lagu hawlgelayo, laakiin, hadda wixii ka danbeeya waxa la gelayaa fulintii hawlgalkii dhabta ahaa. "*Kululaatay aw-Diiriyoow kabo la'aantiiye,*" maskaxdayda durba farriimo is-diiddan ayaa ku soo dhacayay. Haddii ay sidani dhacdo, sidan yeel, haddii ay sidan kale dhacdona, sidan kale yeel. Wadnuhu garaacistii wuu kordhigey (Adrenaline rush).

Waxyaalaha waqtigaas maskaxdayda ku herdamayey, waxaa ka mid ahaa, dhacdo xanuun badan oo aniga iyo nin aannu saaxiib ahayn nagaga dhacday magaalada Gaarrisa.

Gaarrisa: Bishu waa April sannadkii 1991. Qiyaastii waxa ay ku dhowdahay salaaddii subax. Gaadhigii ayaa la istaadhay. Waxa aannu cagta saarnay wadda u baxda dhanka gegida diyaaradaha Kismaayo. Subaxaas habeenkeedii magaalada Kismaayo cidi ma seexan. Guubaabo aan kala go' lahayn; dhawaaqa rasaasta oo cirka loo ridayo; waa la ina soo galay; waawareey, iyo kakacaay ayaa gees walba ka baxaysey. Gaadhigu wuxuu ahaa Gaadhi weyn oo Mercedes ah, oo kuwii qasabka lagu qaadi jirey ah. Ma lahayn dheegag iyo guro toonna (buudi). Dushiisu sagxad bannaan ayay ahayd. Dad aan ka yarayn 25 qof iyo xafashkoodii ayaannu ku saarannahay. Kaaga sii darane, waxa na eryanaya, wax markaa aannu u arkeyney "*cadow;*" waa jabhaddii USC.

Waxa aannu foodda saarnay dhanka tuulada Hoosingo iyo waddadii "*Habaar waalid*". Waa xilli gu'ah oo dhulku roobban yahay. Baabuur farobadan ayaa dhiidhiga gashay intii aannu jidka hayney. Qof waliba naftiisa ayuu la cararayey. Xaalku waa "*nin walboowba naftaa, Nabiyoow ummaddaa,*" ama sida dadka qaar yidhaahdaan, "*ibixiyoow ibixi;*" ama "*Cawralaay cago.*"

Waxa aan si fiican u xusuustaa, gabadh aan maalintaa kartideeda la yaabay oo gaadhi Landcruiser ama Landrover midkood ahaa waddey. Gabadhaas waxaa dhalay nin Janan ahaa, oo ciidamadii xoogga dalka ka tirsanaan jirey. Gabadhaasi meel dhiidhi ah oo baabuurtu gelaysay ayay dhawr gaadhi iyadu gacanteeda kaga saartay. Rag darawallo ahaa ayaa meeshaas mari kari waayey, oo gabadhaasi baabuurtoodii gudbisay.

Habeenkii koowaad waxaannu seexannay meel kayn ah oo aad loo hadal hayey inuu jiro *libaax dadqaad ahi.* Maalintii xigtey waxa aannu tagnay magaalada Dhoobley ee xad-beenaadka Kenya iyo Soomaaliya ku taalla. Muddo bil ah dabadeed ayaannu dhanka Libooya-Kenya usoo gudubnay. Maalin aan ku qiyaasayo 21kii ama 22kii May 1991, goor barqo ah aniga oo hortaagan hotel uu lahaa nin la odhan jirey ina Qaybdiid, ayaa waxa meel agtayada ah isa soo taagay gaadhi Landrover ah. Gaadhigii waxa ka soo degey nin dhallinyaro ah, oo si fiican u lebbisan. Dhab baan u fiiriyey. Ninkii gaadhiga dheeggiisa ayuu ku tiirsaday, oo xabbad sigaar ah la soo baxay oo *"budh ka siiyey."*

Waa Kamaal Digaale oo aannu wax walba ahayn. Kamaal nin qurux u dhashay buu ahaa, Nayroobi oo barwaaqo ahna labadii bilood oo ugu danbeysey ayuu joogey, daryeel fiicanna ka helay. Ninkiiba Ferenji ayuu u ekaaday. Isagu weli ima arko. Kolkaan hubsaday in uu Kamaal yahay, ayaan dhankiisa u soo dhaqaaqay. "War Kamaal" iyo "Alla waa Saxardiid" ayaannu iskula soo boodnay. Makhaayad hotelka ku dhegganayd ayaannu dhankeeda u soo dhaqaaqnay, oo inta miis cidlo ah eeg-eegannay, aannu gaar isula baxnay.

"Ilaahay ha u naxariistee waan maqlay in walaalkaa Jaamac lagu dilay Kismaayo" ayuu Kamaal hadalkiisii ku bilaabay. Dabadeedna wuxuu ii sheegay inuu gaadhigan isagu wato, halkanna uu u yimid in uu warkeeda raadinayey islaan habaryartii ah iyo qoyskeedii oo ay Kismaayo ugu war danbeysay, uuna filayey inay dadkii dhankan u soo qaxay ka mid ahayd.

Aniga iyo Kamaal waxaannu markiiba ugu dhaqaaqnay si aannu ugu hawl galno qoyskii uu raadinayey warkooda. Galabnimadiiba waxaa naloo xaqiijiyey in aan qoyskaasi Kismaayo ka soo qixin. Waxa aanan kala hubin in nalagu yidhi waxay ka mid ahaayeen, dad Kismaayo doon ka raacay oo bari u baxay, iyo in Kismaayo "lagu qabsaday!"

Markii uu reerkii uu u socday waayey, ayuu i weydiiyey, in dhallinyaradii aannu asxaabta ahayn cidi halkan ka joogto." Waxaan u sheegay, in rag badan oo asxaabtii ahi halkan joogaan. Weliba qaar ka mid ah raggii aannu Lafoole wada dhigan jirney. Markaas ayaan dhawr magacyadooda u tiriyey, "Maxammed Jaamac, Ibrahim Muuse, Cabdirashiid Suuley iyo (AHN) Cabdirashiid Axmed Sahal" oo isagu Agraria dhigan jirey, waa Jaamacaddii beeraha'e. Intaa dabadeed, Kamaal wuxuu jeclaystay, bal in uu aniga xaalkayga wax ka ogaado. Duruufahayga ayaan uga warramay, iyo in aan "halkan harjad iskaga ahay."

Galabtaas raggii baannu isla raadinay, jaad/qaad baannu qaadannay oo u fadhiisannay. Habeennimadaas Kamaal wuxuu nagu qanciyey inuu Nayroobi noo kaxeeyo oo badidayadu aannu la'ayn qaabkii aannu ku gaadhi lahayn, sababtoo ah jid dheer oo adag, oo cabsi badan ayaa Nayroobi ka sokeeyey. Aniga mooyee ragga kale diyaar bay wada ahaayeen. Anigu uma diyaarsanayn safarkaas, hase yeeshee, saaxiibkay Kamaal Digaale ayaa igu dhiirri geliyey inuu isagu masuuliyadda iyo kharashkaba qaadayo. Wuxuu kaloo igu yidhi, "waan ku aqaannaayoo haddaan xitaa cidi ku soo gacan qaban, waad is deberi karaysaa."

Waxa waqtigaas jeebkayga ku jirey wax lacag ah 1500, oo shilinka Kenya ah. Waxay ahayd wax u dhigma qiyaastii US $70. Habeynkii sidaasaa waagu noogu beryey. Barqadii danbe ayaannu intayadii asxaabta ahayd, iyo tiro kale oo aannu magaalada ka soo ururinnay, waxa aannu go'aansannay in aannu safarkaa wada galno. Safarkaasi wuxuu ku bilaabmay lug in aannu magaalada kaga baxno, annagoo labo-labo, iyo saddex-saddex ah. Waxa magaaladii gaadhiga ka soo raacay Kamaal oo isagu fiise watey, Cabdirisaaq Lafoole (waa guddoomiyaha Jaamacadda Nugaal University ee Laascaanood), oo isna Nayroobi kasoo noqday, oo oday iyo islaan qaraabada ah u yimid in uu ka ka kaxeeyo Libooya. Odaygii iyo islaantuna way nala socdaan. Maxammed Soomaali oo isna fiise watey iyo gabadh kale uu Kamaal siiyey baasaboor fiise leh, baasaboorkaas oo uu markii hore ugu soo talo galay inuu habaryartii ku soo kaxeeyo.

Gaadhigii waxaannu ku kulannay magaalada duleedkeeda. Waqtigu, waa goor duhurnimadii ah. Gaadhigii ayaannu halkaa ka kornay, waxaannuna u jihaysannay, dhankaa iyo Gaarrisa. Kolleyba waad garanaysaanoo dad dhallinyaro ah oo safar ku jira oo tahriibaya wax badan baa calooshooda ka guuxaya.

Adduunku sidan hadda uu yahay, aad buu uga geddisnaa. Tahriibka, iyo safarrada aan jihada lahayn, sidan hadda loo yaqaanno looma aqoon. Si kale haddaan u idhaahdo dadku sidan uu hadda u bahaloobay ma ahayn, xogtuna sidan maanta oo kale ma ahayn. Qalabadan faraha badan ee isgaadhsiintu ma jirin. Wax kale iska daayee, intii aan dawladdu burburin, telefoonnada ayaa caasimadda Soomaaliyeed guryaha laga helaa yaraayeen. Fax-ku markaas ay Xamar dumayso ayuuba dunida ku cusbaa oo dabayaaqadii sideetamaadka ayuuba Afrika soo gaadhay.

Maalinkaas dhawr wax ayaa maskaxdayda ka dhex guuxayey. Waxaa ka mid ahaa; inaan ku faraxsanahay inaan arki doono dhulkii aan yaraantayda sheekada ku maqli jirey ee "NFD." Dhulkaas oo iskuuladda aannu ku dhigan jirnay iyadoo taariikh/sheeko ah, iyo iyadoo suugaan ah labadaba. Heesaha aan xusuusto ee iskuulka aannu ku dhigan jirney waxaa ka mid ahaa, heesta ay ku jiraan tuducyadani;

"Waxaan doonayaa,
Inaan duulo oo,
Dannood iyo Wajeer,

Calaf iyo Cugasho

*Dalka nalaga dhacay,
dib u soo heshaa."* Ma xusuusto abwaanka tiriyey.

Waxaa niyadayda aad ugu xardhanaan jirey Wajeer oo dhinaca halganka ka magac dheerayd Gaarrisa. Hase yeeshee Gaarrisada aannu ku soconno lafteedu maskaxdayda kama madhnayn oo laba sheeko ayaa calooshayda ku wareegayey.

1) Midi waxa ay ahayd, dhacdo aan idaacadaha ka maqli jirey, taas oo ahayd, dad Soomaaliyeed oo ciidammada Kenya horraantii siddeetamaadkii ay ku xasuuqeen Gaarissa. Dadkaas waxa lagu uririyey, iskuul ku yaalla magaalada, waxaana goobtaa lagu dilay dad gaadhaya 3000 oo qof.

2) Tan kalena waxay ahayd, nin aannu dugsiga sare ka wada baxnay oo aannu saaxiib ahayn oo dhawr sanno ka hor u soo tacabbiray Kenya. Ninkani wuxuu ahaa nin aad u kaftan badan, oo bulshaawi ah. Nasiib darro, intii aanu soo gaadhin Nayroobi, ayaa lagu qabtay Gaarrisa. Ninkii halkaas ayaa lagu xidhay. Muddo dabadeed waa la soo daayey. Dib buu Xamar ugu soo noqday. Waxa la yaabka lahaa waxay ahayd, in ninkii nagu soo noqday isaga oo kaftankii, iyo sheekooyinkiisii xiisaha lahaa, iyo bulshaawinnimadiiba ay ka soo guureen. Waa ninkii Axmed oo isha kaa eegaya, oo kelmed iyo labo wax kabadani aanay afkiisa ka soo baxayn. Kolley wax yari ninkaas kuma soo dhicin. Marka aan qisadaa saaxiibkay soo xusuustaba, waxa ii sawiranta iyada oo nala qabtay oo xabsiga

Gaarrisa nalagu xereeyey. Dabadeedna, haddaanu nasiib badannahay aannu ka soo baxno annaga oo bahdilan, oo baalku naga qoyanyahay. Waan hubaa, qof walba oo naga mid ah, in calooshiisa ay ku jirtay farxado iyo welwel is herdiyaya.

Goor casar ah ayaannu ku soo beegannay bar kantarool oo militari. Meesha waxa la yidhaahdaa Gabbal. Kamaal oo ahaa horjoogaha na wata, ayaa si ay u dhacdayba, intii aannaan Gabbal soogaadhin muran dhex maray isaga iyo nimankii uu gaadhiga ka soo kiraystay. Dareewalkii oo reer Gaarrisa ah ayaa nagula taliyey in aanu gaadhiga ka degno, oo barta kontaroolka gees ka marno intayada aan sharciga haysan. Kamaal wuxuu ahaa nin hal-abuur badan, ayna u dheertahay dhiirranaan. Wuxuu yidhi, "waryaadha dhegeysta, anaa idin soo kaxeeyey, waxba yaanay nimankan sujuuda ahi idin baqdin geline, sidii aan xalay idiin sheegayey" isaga oo na xusuusinaya xalay intii aannaan Libooya kasoo bixin, sheeko dhiirrigelin ah oo uu nooga sheekeeyey, "dadkan Keenyaatiga ee la idin ku cabsiinayaa, kama duwana askartii kaantaroollada Dhuusamareeb iyo Gaalkacyo taagnaan jirey, ee rakaabka iyo dareewalka qoryaha ula soo degi jirey iyagoo hanjabaya, oo diinta caayaya, aakhirkana dareewalku inta gacanta qabto, jeebka xoogaaga u gelin jirey, markaa dabadeedna birta kor u qaadi jirey!"

Dhallinyaradii badankeedii taladii dareewalka ayay qaateen, shan qof ayaannu ku soo hadhnay oo isyidhi, "war Ilaah baa faxane, ninkan saaxiibkiin ah ka tiiriya meesha, oo sujuuga ha u jebinnina." Kantaroolkii ayaannu afka kasoo galnay. Wiil aanan weli magiciisa illaawin oo Cali la yidhaahdo, oo xoog iyo dherer Ilaahay siiyey, ayaa kaantaroolka haysta. Waa askari Keenyaati ah (Soomaali sujuu.) Af Sawaaxili ayuu nagu bilaabay. Dareewalkii ayaa yidhi, "sharciyadiinna keena ayuu idin leeyahay."

Duhurkii markii aannu Libooya ka soo baxeyney, ayaa Kamaal baasaboor fiise Kenya ahi ku dheggan yahay u dhiibay Cabdirashiid Axmed Sahal (AHN). Nin la yidhaahdo Cali-Naasir Xasan Xaaji ayaa baasaboorkaas asalkiisa lahaa. Cabdirashiid baasaboorkii ayuu la soo baxay, dabadeedna askarigii baa inta baasaboorkii iyo wejigiisii isu eegay, dhirbaaxo *farba meel dhigay*. Waxa xigtey in uu kusoo dhaqaaqay Maxammed Jaamac oo Cabdirashiid dhinac taagnaa, oo isagu aan wax sharci ah haysan. Maxammedna dhirbaaxadii hore oo kale ayuu u dhiibay. Intaa dabadeed, god nagu dhow, geedna korka kaga dedan yahay ayuu ku xereeyey. Anigu markaan arkay sida wax u socdaan ayaan dhankii godka u dhaqaaqay intaanu waxba i weydiin, anoo godkii ku sii dhaadhacaya, ayuu iga daba yimid oo garbaha dhirbaaxo culus, oo aan la daaduumay igala sii tiigsaday.

Inta waxaas oo dhammi ay dhacayaan, Kamaal Digaale waxba iskama beddelin, sigaar baaba isaga shidan. Askarigii buu dhinac ula dhaqaaqay. Dareewalkiina wuu u yimid. Saddexdoodii muddo ayay foodda iskula jireen. Ammin yar kaddib, Kamaal ayaa godkii noogu yimid, isagoo qoslaya, markaasuu nagu yidhi "waryaadhaheen xaalka ka warrama?" Waxa aannu ugu jawaabnay, in madax-adaygiisa aawadeed, ay waxan oo dhib ahi noogu dhaceen. Hiif iyo haaraan ayaannu isugu darnay.

Inta uu qoslay buu nagu yidhi, "way iska dhammaanaysaaye is dejiya." Kamaal wuu naga yara dhaqaaqay, dareewalkii gaadhiga iyo ninkii "*dhirbaaxo weyne*" ayuu u tegay. Dabadeedna askarigii baa nagu yidhi, "soo baxa oo fuula gaadhiga." Meeshaas, waxa Kamaal ku bixiyey lacag dhan 1500 oo shilin. Halkii baannu ka soo dhaqaaqnay, inyar dabadeedna waxaannu u nimid kooxdayadii kale ee soo lugeysey, oo meel dhexe nagu sugaysa. Kooxdani, waa xogmooge, oo wax rag ku dhacayba war uma hayaan. *"Alloow nimaan wax ogeyn ha cadaabin."* Halkii baannu hore uga sii soconnay. Ninkii Kamaal oo shidhka gaadhiga ku jira iyo dareewalkii ayaa muran ka dhexqarxay. Waqti cilcillow ah ayaannu tuulo Dhadhaab la yidhaahdo soo gaadhnay. Dhadhaabi waa meesha marka danbe laga samayn doono xeryaha qaxootiga ee aynu imminka wada naqaanno.

Kamaal, oo sidii aan hore usheegay ahaa nin farsamo badan, dhiirranaan iyo madax-adaygna ku darsaday, wuxuu markiiba dhexgalay magaaladii, wuxuuna soo abaabulay odayaal uu ergo ahaan ugu tegey. *Gartaa ribbatay.* Fooddaa la isdaray. Kamaal wuxuu ku dacwiyayaa, in dib loogu celiyo kunkii iyo shanti boqol ee shilin, ee laaluushka nalooga qaatay. Doodda Kamaal waxay ku salaysnayd, in lacag ka badan nooliga caadiga ah, nalaga soo qaatay, oo ay ku jirto lacagta gudbinta (mukhalisnimada). Gartii waxay ku soo gebageboowday, in lacagtii Kamaal loo xukumo, oo dareewalku u celiyo.

Sujuugii waannu ka gar badinnay, laakiin, iyana way naga khiyaamo badiyeen. Waxa dhacay inay gartii aqbaleen, laakiin, aanay goobtii lacagta ku bixin, ee na warwareejiyeen. Aakhirkii waxay yidhaahdeen, marka aannu Gaarrisa tagno ayaannu lacagta idiin siinaynaa.

Subixii danbe, ayaannu Dhadhaab ka kallahnay, oo dhankaa iyo Gaarrisa u jihaysannay. Waqti qiyaastii barqo dheer ah, ayaa gaadhigii istaagay. Dareewalkii ayaa yidhi, "halkan ku dega, oo intiinna aan sharciyada wadan soo lugeeya." Wuxuu noo tilmaamay, in magaalada ay ka sokeeyso bir dheer oo ah barta kontaroolka. Wuxuu raaciyey, "birtaasi marka ay idiin muuqato, dhinac uga leexda, hana ku soo dhowaanina. Markaad soo dhaaftaan waxaad soo beegsataan laamiga. Markaad laamiga soo gaadhaan, aniga ayaa halkaas idin kaga hor imaanaya."

Waa meel Ilaahay wax ka wadaaye, baasaboorkii fiisaha Kenya lahaa, ee Cali-Naasir Xasan Xaaji, ayaa Cabdirashiid Axmed Sahal uceliyey Kamaal, kuna yidhi, "war sawirkan isuma ekine, waataad ogayd wixii shalay galab iga raacaye iga hoo." Marxuum Cabdirashiid iyo Cali-Naasir isuma ekayn. Cali-Naasir wuu ka "*far weynaa*" dhanka wejiga, wuxuu kale oo lahaa shaarubo. Aniga ayaa dhanka wejigana uga dhowaa, waxaan kaloo lahaa shaarubo (waloow aanay markaa sida Cali-Naasir u weyneyn!). Baasaboorkii ayaan Kamaal ku idhi, "aniga ii dhiib." Hase yeeshee, waan ka baqay in aan gaadhiga raaco, sababtoo ah, dhirbaaxadii shalay galab ayaan xusuusnahay.

Gaadhigii iyo intii sharciyada wadatey way naga tageen, aniga oo baasaboorkii haysta iyo intayadii tahriibka ahayd oo dhammi, halkii baannu cagaha ka boorrimaysannay. Sujuugu waa niman dibindaabyo badane (gadaal baan ka ogaan doonaaye), illeyn meesha uu nagu dejiyey, waa meel aad uga durugsanba magaalada iyo koontaroolkaba (siinka dheer). Cadceeddu aad ayay u kululayd, waxaannu soo lugaynaba, birtii dheerayd way noo muuqatay. Dhinaca bidix ayaannu ka marnay. Goor ay duhur dabadii tahay, ayaannu reer meel deggan ku soo baxnay. Dabadeedna, intayadii badnayd waxay ku taliyeen in aannu dhinac ka dhaafno, oo aannaan la hadlin. Aniga iyo Marxuum Cabdirashiid ayaa reerkii ku leexannay. Sidii caadada Soomaalida ahaan jirtey, ayaannu bariidinnay. Bariido dabadeed, waxaannu u sheegnay, in aannu daba soconnay niman meelahan adhi ahmin ah nooga iibinayey. Waraysi yar kaddib, "soo fadhiista" ayay na yidhaahdeen biyana way na siiyeen. Kildhi shaah ahna dabkay noo saareen.

Qolyihii nala socday markay arkeen in aanu biyo cabbayno ayay oodda soo jabsadeen. Halkii baannu shaah iyo biyo ku cabnay. Reerku koobab nagu wada filan oo shaaha lagu cabbo may haysan, hadhuubgaal ayaannu aniga iyo Cabdirashiid ku wadaagnay shaahii.
Bartii baannu ka dhaqaaqnay. In cabbaar ah markaannu soconnay, ayaa niman lo' wataa nagu soo baxeen. Jameecadii aannu wada soconnay way ka dhuunteen nimankii. Aniga iyo Cabdirashiid intii nimanka laga dhuumanayey, ayaannu hore usii soconnay.

Nimankii lo'da watey waannu isa salaannay. Sidii markii hore, ayaannu u sheegnay in aanu adhi ahmin ah meelahan ka iibsanayney, oo aannu dhanka magaalada usii jeedno, rabnona in aannu sonkor iyo sigaar kasoo iibsanno. Asxaabtii aannu wada soconnay halkaasaa isugu kaaya danbeysey. Waxay noo arkeen labadayada, niman madax adag oo aakhirka khatar ula geli kara.

Labadayadii dhankii magaaladu naga xigtay ayaannu foodda saarnay. Wax xoogaa markii aannu soconnay, ayaannu laamigii magaalada gelayey aragnay. Gaadiid ayaa labada dhinac isu dhaafaya, qaar magaalada ka soo baxaya, iyo kuwo magaalada sii gelaya. Laamiga meel aan aad uga durugsanayn ayaannu iska lugaynaynaa. Muddo aan badnayn markaannu soconney laamiga dhinaciisa, ayaannu aragnay Land Rover dhankii magaalada ka yimid. Geed baannu foodda saarnay oo ku gabbanay. Markaannu hubsannay in uu yahay kii aannu la soconnay, ayaannu istusnay oo gacanta u haadinnay.

Gaadhigii laamiga ayuu ka soo leexday. Dareewalkii ayaa biyo baraf leh iyo Faanta qaboow na siiyey. Sigaarna wuu noo shiday. Annagoo iska faraxsan oo dareewalkii la sheekaysanayna, oo uu na weydiinayo meesha dadkii kale ka dhaceen, iyo goobta isugu kaaya danbeysey, ayaa odaygii iyo Islaantii uu Cabdirisaaq Lafoole Nayroobi ka soo doonay soo muuqdeen. Inyar dabadeedna, waxa isla markiiba soo muuqday, nin la odhan jirey Cabdi oo isna nala socdey. Gaadhigii oo laamiga darafkiisa taagan oo u sii jeeda dhanka magaalada, ayaannu dhinac uga yara dhaqaaqnay. Meesha gaadhigu taagannahay waxa ku dhow waddo laamiga uga baxda dhanka bidixda. Annaga oo aan beloba filanayn, ayaa waxa dhankii magaalada ka soo muuqday gaadhi milateri. Gaadhigii waddadii isgoyska ee aannu dhinaceeda taagnayn ayuu u soo baydhay. Indhaha ayaannu isku dhufannay niman ciidan ahaa oo saarnaa. Isla markiiba bireegga ayuu qabtay wadihii gaadhigu!

Dhankii gaadhigii aannu la soconnay taagnaa ayaannu u soo dhaqaaqnay. Odaygii iyo islaantii safarkayaga nagu weheliyey oo dhinacayaga taagnaa, isla markiiba Land Roverkii ayay fuuleen. Dareewalkiina intuu degdeg shidhka u galay ayuu gaadhigii si xawli ah ku dhaqaajay. Ninkii kale ee aan magiciisa ku sheegay Cabdi nin da' ahaanna naga weyn, jab yaqaanna ah, isagu cagaha ayuu wax ka deyey, oo laamigii ayuu dhankii kale u gooyey. Markaas ayaa aragtidiisa noogu danbeysey.

Aniga iyo saaxiibkay Cabdirashiid ayaa talo nagu caddaatay. Durbadiiba, waxa maskaxda ku soo dhacday, sheekooyinkii shuftada, ee aannnu odayadii Kenya ka imaan jirey ka maqli jirney, iyo sida ciidanka Kenya ula dhaqmi jireen marka ay qabtaan. Waxa aan soo xusuustay, oday awoow iigu beegnaa oo aannu Kismaayo gurigiisa ku soo degnay, oo ka mid ahaa raggii xorriyadda NFD u dagaallami jirey, sheekooyin uu bilo ka hor iiga sheekayn jirey, oo weli maskaxdayda ka sii qoyan.

Waxaa madaxayga ku hirdamayey, toloow hadday idin qabtaan miyay idin gubi doonaan, mise way idin deldeli. Waxaan is lahaa haddaad nasiib badan tahiin, waa hadday idin xidhaan, oo sidii saaxiibkaa muddo dabadeed, idinka oo aamusan, oo farxaddii iyo furfurnaantii hilmaamay la idin siidaayo. Waxase aan mar walba niyadda ku dhisanayey, weligaa cid maad dhibin Soomaalidana iyo gobannimodoonka, iyo midnimada Soomaaliyeedna waad jeceshahay; Ilaahay Soomaali buu idiin bixin doonaa, idiin soo gurmata *"marka la idin xidho."*

Waxaan soo xusuustay, buugaag Soomaalida iyo gabanimadoonkeeddii sheekooyin ku saabsanaa laga qoray oo aan yaraantaydii akhrisan jirey. Buugaagtaas waxaa ka mid ahaa; "Dabkuu shisay Darwiishku. Cawrala iyo Cali Maax (Aqoon darro waa u nacab jacayl). Halgankii Daraawiishta. Garbaduubkii gumeysiga."

Buugaagtaasi waxay dhammaantood ka sheekayn jireen, noloshii adkayd ee gumeysiga iyo halgannadii la soo maray. Waxay sawiri jireen cadaawadda gumeysiga iyo dhibaatooyinka iyo hagardaamada ummadda Soomaaliyeed loo geysan jirey. Buugaagtan markaan akhriyayo waxaan ku dhex milmi jirey dhacdooyinka ku dhex jira. Mararka qoraagu ka sheekaynayo silica gumeystuhu ummadda badi jirey waan ooyi jirey.

Waxyaalaha ladhka igu kicin jirey waxa ka mid ah; dhaqamadii foosha xumaa ee Xabashidu dadka kula dhaqmi jirtey. Tusaale ahaan, qof dhaan soo kaxeeyey oo ciidankii xabashidu jidka u galeen, awrkii uu wateyna laga qashay; biyihiina hilibkii awrka lagu karsaday; ninkii/qofkii dhaanka wadeyna libaax geed loogu xidhay. Subixii xigeyna, reerihii dhaanka sugayey, inta loo tagey, dab la sudhay dadkii iyo duunyadoodiiba; hooyooyin uur lehna baynaadda qoriga lagu dooxay (ummulo-doox.) Waxa kale oo qoraagu soo bandhigi jirey, geesinnimada iyo calool-adaygga Soomaalida, iyo sida aanay weligood gumeystaha isugu dhiibi jirin.

Maalinta aan sheekada murugada leh akhriyo, ma aan seexan jirin. Ogoowna sannadahaasi buugaagta aan akhriyayo, waxaa taagnaa dagaalkii Soomaalida iyo Xabashida. Waxa aan ku hamiyi jirey, "nasiib badbaan lahaydaa, haddaad maanta qaangaadh ahaan lahayd, dagaalkaa gumeystaha Xabashida lagula jiro ayaad qayb ka ahaan lahayd sidaa walaalkaa Faarax. Faarax waa curadkayagii oo ka tirsanaa ciidankii Komaandoosta Soomaaliya ee 1977/78 ka dagaal galay aagga Jigjiga iyo Kaaramardha.

Mar keliya ayaa waxa kulmay gaadhigii Land Rover-ka ahaa oo dhaqaaqay; Cabdi oo laamigii dhankii kale u gooyey; gaadhigii militeriga nimankii saarnaa oo ka daatay, oo dhankayagii saf ballaadhan ugu soo dhaqaaqay; iyo labadayadii oo cidla taagan! Talo ayaa nagu caddaatay aniga iyo saaxiibkay. Weli ma hubno in askartu na arkayeen in aannaan gaadhigii raacin iyo in kale. Laamiga dhinaciisu dhir badan bay lahayd. Labadayadii waxa aannu go'aansannay geed aan u malaynayo inuu Xagar ahaa (ama dhirta ay isku haybta yihiin) oo isku cufan in aannu ku dhuumanno. Geedkii baannu galnay. Qur'aan akhris iyo ducona waannu bilownay. Hadday cabbaar na ag marmareen, oo hareeraha naga dhaaf-dhaafeen, aakhirkii way na arkeen. Dhankayagii ayay usoo dhaqaaqeen, wayna isu qayshadeen. Laba ka mid ahi bistoolado ayay gacanta ku haystaan, intii kalena dhagxaan baa gacmaha laga buuxsaday. Ereyo af Sawaaxili ah oo aannaan waxba ka fahmayn, iyo ""waryaa, come out, come out. Kneel down. Put your hands over your head!" ayaa xigtay in ay na yidhaahdaan.

Bal qiyaas askar Sawaaxili ah, oo meel cidla ah kaa hesay adigoo faromadhan. Amarkii ayaannu qaadannay, gacmihii ayaannu madaxa saarnay, jilbahana dhulka ayaannu ku hubsannay. Tallaabadii xigtay waxay noqotay, in ay laad iyo feedh iyo ul/dhenged ay nagu boobeen. Ereyada ay ku hadlayeen ee af Sawaaxiliga waxaan ka xusuustaa ereyga "*Shifta*" Ereygan *Shifta* inay dhegahaygu maqlaan, ayaa waxa nagu dhacaya oo dhan igaga xanuun badnaa. Sababtu waxa weeye, in Kenya ereygaa u adeegsan jirtey wax lagu bannaysto dhiigga Soomaalida.

Markii Kenya xornimada qaadatay 1963, dadkii Soomaaliyeed ee ku noolaa NFD way liqi waayeen in dhulkoodii lagu daray Kenya. Waxa jirtey xitaa in afti laga qaaday ay u codeeyeen inaan dhulkooda lagu darin Kenya, hase yeeshee, natiijadaas la baalmaray oo aan waxba laga soo qaadin. Dadkii Soomaaliyeed ee reer NFD markaa waxay go'aansadeen inay dagaal xornimodoon ah galaan, si ay dhulkooda usoo dhacsadaan. Dagaalkaasi xornimodoonka ahaa, ayaa Kenya u bixisay "*Shifta war*".

Kenya waxay Soomaalida u ugaadhsan jirtey, si la mid ah amaba ka sii daran sida reer galbeedku u ugaadhsadaan waxa ay ugu yeedhaan *"argagixisada."* Dadka way xasuuqi jireen; xoolahooda waxna way dhici jireen, marar badanna dadka iyo xoolahaba way gubi jireen.

Askartii, markii aannu soo baxnayba gacantay na saareen; Wal-Shamsi ayay nagu qaadeen iyo *"gacan Nabi nin doonoow…"* Markay hubsadeen in ay naga gacan sarreeyaan oo aanaan waxba iska celin karayn (nimanku waa niman fulaynimo lagu imtixaamee), ayaan ku idhi *"Sir, what is the problem, why are you beating us?"* War maxaannu galabsannay oo aad warmaha noogu boobteen? Su'aalo ayay nagu boobeen markay arkeen in aannu wada hadli karno, oo Af Ingiriisi aannu isku afgaran karno.

"Maxaad meesha ka qabanayseen? Xaggee ka timaaddeen? Gaadhigii muxuu u caratay? Yaa watey gaadhiga? Maxaa saarnaa gaadhiga iwm? Markii ugu horreysey ayaan Ilaahay ku mahadiyey inaan Jaamacaddii Lafoole oo af Ingiriisi wax lagu baran jirey nasiib u helo in aan dhigan jirey, oo aanan ka mid noqon saaxiibadaydii Gahayr galay oo hooyga quruxda badan iyo professoradii Talyaaniga noogu faani jirey!

Anigoo aad isu ilaalinaya iskuna deyaya in aanay afkayga kasoo yeedhin wax cadho keeni karaya, ayaan si miskiinnimo ku jirto ku idhi, "walaalayaal, waad la socotaan in waddankii aad deriska iyo walaalaha ahaydeen ee Soomaaliya burburay, annagu arday Jaamacadeed ayaannu ahayn. Nayroobi ayaannu u soconnay oo fiisayaal noo yaalliin. Waxaannuna uga sii gudbaynaa dalka Kanada oo aannu waxbarasho

97

jaamacadeed ka helnay." Xoogaa qalbi soo jiidasho ah ayaan isku dayey in aan sameeyo (emotional appeal)."

Waxa isweydiin leh, maxaa Kanada maskaxdayda ku soo riday oo aan dunida uga doortay? Kanada waxa joogey Cabdinaasir Axmedsahal oo ay Cabdirashiid walaalo yihiin. Intaa dabadeed, ayaan surwaal Jeans ah oo aan gashanaa jeebka gacanta geliyey oo ka soo saaray "baasaboorkaygii" oo fiise Kenya ahi ku dheggan yahay. Waa baasaboorkii Cali-Naasir Xasan Xaaji. Baasaboorkii bay iga qaadeen, way isu dhiibdhiibeen, inyar dabadeedna waxay Cabdirashiid weydiiyeen "you, where is your passport?" Anigaa markiiba hadalkii boobay oo idhi, ninkani Af Talyaani iyo af Carabi ayuu wax ku bartay, Ingiriisida kuma hadlo. Carabiga waan iskaga daray oo waxaan rabey inaan u muujiyo inaannu niman "*khatar ah oo wax bartay nahay oo afaf badan yaqaanna*". Intaa waxaan ka cararayaa wax loogu qiil banbaysan karo "*shifta*".

Su'aashii baasaboorka ayaan dabadeed jawaabteedii raaciyey, aniga oo u sheegaya, in ninkan baasaboorkiisii uu ku jirey jeebka jaakad uu gashanaa oo baabuurka guradiisa saarnayd. Waxaanna raaciyey, haddii baabuurkii la helo in isagana baasaboorkiisii oo fiise Kenya ah leh "*sida kaygaa*" la helayo. Askartii waxay bilaabeen in ay jeebabkayaga baadhaan. Malaha anigaaba xusuusiyey markaan baasaboorka jeebka ka soo saaray! Si aad ah ayay noo baadheen, meel walba way naga fatisheen. Lacag aan u malaynayo in ay ahayd wax u dhigma $420 doollarka Maraykanka ah, ayay saaxiibkay ka heleen. Lacagtaasi oo isugu jirtey Shilinka Kenya iyo doollarka Maraykanka.

Mar Alla iyo markii ay lacagtii gacanta ku dhigeen, ayay nagu bilaabeen garaacis hor leh, oo aanay waxba noola hadhin. Waxaan is idhi Allaylehe naftay idin ka jarayaan, si aan lacagtaa loo ogaan. Dabadeedna waxay na weydiiyeen su'aalo ku saabsan gaadhigaannu la soconnay, iyo sababtuu u cararay, iyo sababta aannu geedka ugu dhuumanayney.

Waxaa is weydiin leh, anigu miyaan faro madhnaa oo lacagba maan sidan, maxaa sababay in aan wax lacag ah askartu iga helin? Maya, maan faromadhnayn, ee waxaan haystay lacag cadadkeedu ahaa 1500 shilinka Kenya ah (saddex waraaqood oo middiiba 500 ka koobnayd). Waxa kaloo ii dheeraa, oo khatar weyn i gelin lahaa, in aan haystay baasaboor cad oo aan waxba ku qornayn oo kii Soomaaliya ah. Ilaahay amarkii waxaan gashanaa shaati/shaadh, waxaan ka dul gashanaa funaanad (jumper). Lacagta iyo baasaboorka labaduba waxay ku jireen jeebka shaadhka oo funaanadda ka hooseeya. Ilaahay baa ka indho saabay, calafna waannu ku lahayn kunkan iyo shanta boqol ee aan anigu sitey.

Askartii waxa aan u sheegay in gaadhigu cillad farsamo oo ku timid awgeed meesha u taagnaa, dareewalkuna matoorka wax ka fiirfiirinayey oo shaqo ka hayey. Annaguna aannu sidaas uga degnay oo aannu geedkan qorraxda uga hadh-galnay.

Askartii waxay na weydiiyeen, wuxuu gaadhigu u cararay? Waxaan ku ugu jawaabay, in aanan garanayn sababta, waxaanna raaciyey, "malaha denbi uu hore u galay ayaa jirtey." Dabadeedna waxaan intaa ku daray, in annaga laftayada uu denbi naga galay baabuurku oo baasaboorkayagii iyo alaabtayadii nagala cararay. Haddana askartii waxay na weydiiyeen, "haddii aannu gaadhigii aragno in aannu garan karno iyo in kale. "Haa" ayaan markiiba la soo booday. Waxaan kaloo ku ladhay, "walaalayaaloow nala raadiya gaadhigaas." Way is eegeen, af Sawaaxili ayay ku wada hadleen. Waxay nagu amreen, gaadhigii ciidanka oo agtayada la soo taagay in aannu fuulno. Gaadhigii ayaannu degdeg u fuulnay annagoo welwelsan. Dabadeedna dhankii magaalada Gaarrisa ayuu foodda saaray.

Aad baannu u faraxnay markii gaadhigu dhanka magaalada u jiheystay. Waxa niyaddayada ku soo dhacday in dadka Soomaaliyeed ee aannu "*walaalaha nahay,*" na ogaan doonaan. Mar haddii nala ogaadana aannu rajo leenahay.

Arrinta cajiibka ahayd waxay ahayd, haddaannu rabno in gaadhigaa la helo in aannu si dhib yar gacanta ciidanka ugu gelin kari lahayn. Gaadhigaas, waxaa albaabka dareewalka dhanka kore kaga qornaa magaca mulkiilaha "Hebel Hebel" iyo P.O Box ka mulkiilaha. Weli maantadaa aan qorayo oo soddon sannadood ka soo wareegtay ma aanan illaawin magicii mulkiilaha. Waxa aan go'aansaday in aan askarta ka qariyo macluumaadkaas, maaddaama Soomaalinimadu igu weyn tahay, oo aan ka fekerayey in gaadhiga Soomaaliyeed aanan cadow gacanta u gelin.

Magaaladii Gaarrisa ayaa askartii na soo dhex marisay. Wadada magaalada dhex marta ayay laba jeer marba dhinac noola qaadeen. Ujeeddadu waxay ahayd, bal inaanu gaadhigii Land Rover-ka ahaa aragno. Gaadhigaasi in la helo labadayada dhinac (askarta iyo annaga) midba dan baa kaga xidhnayd. Askartu hadday helaan lacag "*baad*" ah ayay ka qaadi lahaayeen (waa malahayga). Annaguna gaadhi ma rabnee waxa maskaxdayada ku jira, mar uun baa laga yaabaa in qof Soomaali ah meel idiin ka soo baxo haddii gaadhiga militariga ee aad saaran tihiin meel istaago. Gaadhigii baa istaagay. Soo dega ayay askartii na yidhaahdeen. Neef baa naga soo boodday. Laba nin oo Boolis ah oo meesha marayey ayay af Sawaaxil kula hadleen. Booliskii ayay nagu wareejiyeen. Isla markiiba degdeg ayuu u dhaqaaqay gaadhigii aannu ka degnay. Waan ka daba qayliyey, "My passport and money, my passport and money". Gaadhigii oo soconaya ayaa kii baasaboorka hayey dhankayagii u soo tuuray. Dabadeed waxa soo qaaday labadii booliiska ahaa midkood, oo inta eegay oo saaxiibkiina tusay jeebkiisa ku hubsaday baasaboorkii.

.   Labadii nin ee booliska ahaa, magaalada dhexdeeda ayay nala lugeeyeen. Waqtigu waa gabbaldhac. Muddo yar markay nala lugeynayeen, ayaan su'aalay, "xaggee u soconnaa?" Waxay ku jawaabeen "saldhigga booliska!" Intaasi markay na dhex martay, ayaan khudbad u galay nimankii, anoo ka bilaabaya dagaalladii Xamar ka dhacay; dadkii dhintay oo qaar ehelkayaga ahaayeen; sida mustaqbalkayagii u burburay; iyo in aannaan war u hayn dad badan oo ehelkayo ah geeri iyo nolol waxay ku sugan yihiin maanta. Dabadeedna waxaan u raaciyey, in aannu Nayroobi u soconnay oo fiisayaal waxbarasho oo dalka Kanada ahni ay halkaa nooyaallaan.

Haddana waxaan la wadaagay, in nimankii militariga ahaa ay na garaaceen, wixii lacag aannu haysanayna naga qaadeen. Halkaa kuma joogsane, waxaan u gudbiyey codsi iyo ballanqaad. Waxaan ka codsaday, in aanay saldhigha booliska na geyn oo ay nala raadiyaan baabuurkii *"naga soo cararay"* saaxiibkayna uu baasaboorkiisii gaadhigaas saarnaa. Waxa kale oo aan ku daray, in ay naga caawiyaan nimankii milateriga ahaa ee

101

na dhacay, inay nala raadiyaan, si lacagtii ay naga furteen aan uga helno. Waxaanna u sheegay, hadday lacagtaa nala soo dhiciyaan in aannu nooliga Nayroobi mooyaane, wixii ka soo hadha aannu iyaga siinayno. Waan is yara xariifiyey oo waxaan raaciyey, "Nayroobi haddaannu gaadhno lacag baa noo taalla." Waxaan hadalkaygii ku soo gebogebeeyey, gaadhiga in uu la socday inaadeerkayo (our cousin) oo lacag badan haysta, sidaa daraaddeed, haddii gaadhigaas la helo in lacag la helayo.

Khudbaddan aan nimanka booliska ah u akhriyayo laba ujeeddo ayaan ka kahaa: -

1) Inaan ku cimri dheeraysto, oo inta ay nala warwareegayaan aannu helno cid naga furdaamisa oo "Soomaalinnimo" noogu hiilisa.

2) In aannu hunguri gelinno, oo lacag u sheegno, sidaa daraadeed, aanay saldhigga booliska nagula degdegin.

Nimankii booliska ahaa warkayagii wuu galay. Magaaladii ayay in muddo ah marba dhinac noola qaadeen. Qofkii Soomaali ah ee naga soo hor baxaba farriin baannu ku tuurnaa, "war naga soo gaadha waad noo jeedaan oo cadow baa nahaystee." Ha yeeshee ma aannaan arag cid noo diir naxda oo nimanka naga furfurta.

Dadku way iska kaaya dhaafayaan. Wiil yar oo qiyaastii toban jir ah, ayaa muddo na daba socday, oo aan is idhi, malaha yarkanaa wax idinka diirnaxaya jira. Cabdirashiid baa ku yidhi "adeer aabbahaa u tag, oo u sheeg adeeradaa baannu nahaye in askartani na haystaan, kuwo kalena na garaaceen, nagana furteen wixii aannu haysannay." Wiilkii yaraa, "haye adeer" buu yidhi orod buuna is xaabiyey. Waan hubaa inuu farriintayadii qaaday duco qabahaa yari, laakiin, waxa aanan hubin, in aabbihii ay farriintaasi ku duxday iyo in kale. Haddayse ku duxdo wuu nuu soo gurman lahaa. In aanay ku duxin ayaan ka soo qaadayaa.

Galabtaas, waxa aan jawaab u helay, su'aal aan isweydiin jirey. Su'aashaasi waxay ahayd, sababta sheekooyinka halganka NFD aan Gaarrisa ugu maqli waayey, ee Wajeer had iyo goor aan u maqli jirey. Heesaha aan maqli jirey ee halganka waxaa ka mid ahaa

"*Wajeereey ka soo hoyo hororkiyo waraabaha!*"

Weligay ma maqal hees Gaarrisa iyo halkanka NFD isku ladhaysa. Waxaan uurka iska idhi galabtaa hadday Wajeer ahaan lahayd meeshani, malaha cid idiin jiidh damqata waad heli lahaydeen. Ilaa maantana fikirkaas waan aamminsanahay.

Markii aan xaqiiqsaday in nimankan booliska ahi ay yara debecsan yihiin, ayaan Cabdirashiid weydiiyey bal in wax googo' ah jeebkiisa ku hadheen. Waxaan rabey hadduu hayo wax sigaar gooya inaannu askarta ka codsanno inay sigaar noogu soo iibiyaan. Aniga waxaa jeebkayga ku jirtey 1500 oo shilin oo saddex waraaqood oo min 500 ah (3x500), markaa haddaan soo saaro inay naga wada qaadaan ayaan ka baqayey. "20 shilin baa jeeb gaara ku hadhay" ayuu marxuumkii iyidhi." Dabadeed, askartii ayaan u sheegay inaan xaraaradaysnahay, waxaaanna weydiistay in ay wax sigaar ah hayaan. "Ma hayno" ayay ku jawaabeen. Waxaan haddana weydiiyey inay ii ogolaadaan inaan dukaankaa ka soo iibsan karo, ama iyagu nooga soo iibiyaan. Way ii ogolaadeen. 20kii baan Cabdirashiid ka qaaday, dukaan ilaa boqol tallaabo noo jira ayaan tegey.

"Sigaar iga iibi" iyo "war adeeroow cadow baa na haystee, naga furfura cadowga" ayaan isu raaciyey. Sigaarkii buu iisoo qabtay baakidh "*sportsman*" ah. Labaatankii baan u dhiibay. Wuxuu ii soo celiyey saddex shilin. Laba xabbo oo muus ah iyo kabriidna waan ka iibsaday baaqigii. "Ani askari Kenya waxba kama qaban karo" ayuu odaygii iigu jawaabay.

Intii aan dukaanka ku jirey, askarta isha ayaan ku xadayey bal inay i ilaashanayaan iyo in kale. Waxaan arkay, in aanay danba iga lahayn, oo iska sii lugaynayaan. Maskaxdayda ayaan su'aalo degdeg ah ku boobay. Hadaad baxsato oo qaylodhaan tagto ka warran baan is weydiiyey. Haddana waxaa ii soo baxday saaxiibkay oo cadow gacanta ugu jira haddaad kaga baxsatid, in ay isagana ka aargoosanayaan, oo si xun u ciqaabayaan, anigana ay noloshayda naanays xumi halkaa iga raaci doonto, gabadhayduna guur beelayso.

Waxaan go'aansaday in aan booliskii iyo saaxiibkay dib ula midoobo. Xabbaddii muuska ahayd anoo cunaya xabbad sigaar ahina ii shidan tahay ayaan askartii u imid. Cabdirashiid baan xabbad sigaara u shiday, muuskii kalena aan u dhiibay. Muuskii aan cunayey qayb/jab ka hadhsanaa ayaan askartii mid ka mid ah utaagay iyo baakidhkii sigaarka ahaa. Mahadsanid ayuu iigu jawaabay. Kii kalaan sigaarkii u taagay, xabbad buu la baxay oo shitay. Cabdirashiid ayaa isna jab muus ah u taagey askarigii kale. Madaxuu ruxay," thank you"-na wuu raaciyey.

Muddo hadday nala meeraysanayeen, annaguna aannu hadal ku wareerinnay iyo faan; marna naxdin iyo dhibaato u sheegno; marna lacag aanay weligood arag u ballan qaadno; ayay istaageen. Af Sawaaxil ayay dhawr jeer isku celceliyeen. Aakhirkii waxay na yidhaahdeen, "ka warrama haddaad idinku gaadhigii Land Rover-ka ahaa raadisaan oo aynu meel ku ballano." Markaasaa neefi naga soo boodday! Waxaan ugu jawaabay, "waa arrin wanaagsan waxba kama qabno." Markaas ayay waxay i weydiiyeen, "xaggee ku ballannaa, oo isugu nimaadnaa?" Waa meel Ilaahay wax ka wadaaye, waxaan ku idhi "Garissa Petrol Station." Markaas ayuu igu celiyey su'aal ahayd ma garanaysaa halkaa. "Si fiican ayaan u garanayaa" ayaan ugu jawaabay. Run ahaantii, ma garanyo markaas jiho ay meeshaasi iga xigto.

Waxase is weydiin mudan, sidee ayaan magacaa "Garissa Petrol Station" ku helay. Intii aannu gaadhiga militariga saarnayn, waatii aan soo sheegay in gaadhigu laba jeer magaalada nala dhex maray, oo marba dhinac laamiga u qaaday. Markaas ayaa ishaydu ku dhacday boodh weyn oo ay ku qoran tahay Garissa Petrol Station.

Waxa xigtay, in ay na yidhaahdeen, "ina kala kaxeeya, oo idinku gaadhigii raadiya, ballanteennuna waa inoo Garissa Petrol Statioin." Annaga oo is leh, malaha way idinku ciyaarayaan ee sidani dhab kama aha, ayaannu dhankii nagu beegnaa u dhaqaaqnay *(hortaa bannaan)*. Inyar haddaanu ka sii soconnay, qiyaastii ilaa 200-250 tallaabo, ayaannu waa tii la yidhi, "lexojeclo waa belo'e" waxa aan xusuustay, in ay *"baasaboorkayagii"* nimanku haystaan. Dabadeed waxa aannu labayadii go,aan ku gaadhnay, in aannu dib ugu noqonno booliskii. Dib baannu usoo noqonnay, iyagoo meeshii aannu kaga tagnay, wax aan toban tallaabo dhammayn, dhanka midig uga dhaqaaqay.

Booliskii, markay na arkeen way farxeen, oo malaha waxay is yidhaahdeen gaadhigii aad wada raadineyseen bay nimankii soo heleen. Waxay si filasho weyni ka muuqato noo weydiiyeen "did you find the Land Rover?" War ma Land Rover-kii baad hesheen? Markaas ayaan ugu jawaabay, "maya maanaan helin." "Maxaad u soo noqoteen haddaba" ayuu mid ka mid ahi na weydiiyey. Anigoo iska ilaalinaya in indhahayagu isku dhacaan, hadalkana tartiibinaya ayaan idhi, "waxaannu u soo noqonnay, waad ogtihiin in saaxiibkay baasaboorkiisii uu gaadhigii saarnaa," xaggay ka ogyihiin waaba baasaboor aan jirine, "anigana kaygii idinkaa haya. Sidaa daraaddeed, waxa dhici karta, in askar kale na qabsato annaga oo aan haysan wax sharci ah oo aannu tusno. Haddii sidaasi dhacdona way adagtahay in aynu innagu dib isu helno.

Labadii nin way is eegeen, af Sawaaxili ayay ku wada hadleen, dabadeedna baasaboorkii ayaa kii hayey iisoo taagey. Si deggan, oo aan wax dedeg ahi ka muuqan, ayaan uga guddoomay, "thank you, Sir" Ayaan u raaciyey. "Make sure we will meet at Garissa Petrol Station" ayuu isna yidhi. Si debecsan ayaan ugu jawaabay "haye, haye, waa inoo halkaas, Insha Allah annagoo gaadhigii soo helnay." Dabadeed, dhankii markii hore aannu u dhaqaaqnay ayaannu haddana foodda saarnay. Aniga iyo Cabdirashiid markaannu booliskii ka dhaqaaqnay, ayaannu ku tashannay, in aannu qunyar u soconno, annaga oo ka baqayna haddii aannu degdeg u soconno in ay naga shakiyaan. Waxa kale oo aannu is nidhi, "madaxana aynu yara ruxno, lugahana jiidno."

Haddii aannu ilaa 300 oo tallaabo ka soo dhaqaaqnay booliskii, waxaannu ku nimid gaadhi Siisow ah (Izuzu) kuwii lixda tan (6 ton) ahaan jirey. Gaadhigii markaannu weydaarannay, ayaanu ku ballanay in midkaayo nimankii dib u jalleeco. Cabdirashiid baa dhugtay oo yidhi, "war nimankii halkaasay iska taxtaxaashinayaan oo danba inagama leh." Markaas ayaan anna isha ku xaday, mise muraadba nagama leh.

Gaadhiga Siisoowga ah, waxa ku dhow luuq, waxa ku sii beegan seked kale oo bidix iyo midigba loo geli karo. Markaannu luuqii galnay, ayaannu sekeddii haddana dhanka midigta u galnay. Hal cabbaara ayaannu hore ugu sii soconnay. Laba ilaa saddex jiiro oo kale ayaannu midba dhinac u galnay.

Niman dhallinyaro ah oo meel kaabad ah fadhiya oo iska sheekaysanaya ayaannu salaannay. Si fiican ayay salaantii nooga qaadeen. "Walaalayaal waxaannu nahay niman walaalihiin ah, dhib baa nagu dhacay, askar baa na garaacday oo lacagtiina naga furatay, boolis bay noo dhiibeen, booliskiina waannu ka soo baxsannay," ayaannu sideg deg ah ugu nidhi.

"Annaga maxaan idiin qabannaa," ayaa mid ka mid ahi nagu yidhi.

"Nimankii booliska ahaa way na daba socdaane meel na geeya."

"Magaalada cid ma ka garanaysaan" ayay na su'aaleen. Waxaan u sheegnay reerkii baabuurka lahaa.

Dhallinyaradii way garan waayeen reerkii. Waxay na weydiiyeen qabiilka reerka. Qabiilkoodii ayaannu u sheegnay. Mid baa yidhi, "ina keena makhaayad reerahaasi leeyahiin ayaan idin geynayaaye." Neef hor leh ayaa naga soo boodday. Intaa dabadeed, makhaayad yar oo shaaha iyo sigaarka lagu iibiyo oo gabadhi haysato ayay na keeneen. Gabadhii baannu u warranay. Shaah bay na siisay. Reerkii gaadhiga lahaa markii aannu u tilmaannay, way garatay. Waxayse noo sheegtay, in aanay iyadu na kaxayn karin, laakiin, ay cid kale nagu darayso.

Baasaboorkii aan waxba ku qornayn ee jeebkayga ku jirey ayaa welwel igu hayey, intaan soo saaray, ayaan gabadhii u dhiibey. Waxaan ku idhi "walaal baasaboorkan meel ii dhig." Waxba ima ay weydiine, way iga qabatay. "Cid tolkayo ah oo gurigoodu dhow yahay ma garanaysaa," ayaa Cabdirashiid weydiiyey, isaga oo qabiilkayaga u sheegay. "Haa" ayay ku jawaabtay. "Gurigaa na gee" ayuu si degdeg ah u yidhi. Wiil meesha fadhiyey ayay ku tidhi, "nimankan kaxee oo gurigii hebel gee." "Hebel yaa waaye" ayuu gabadhii weydiiyey. "Hebelkii maamulaha iskuulka ahaa" ayay gabadhii tidhi.

Wiilkii guri aan sidaa uga fogeyn makhaayaddii ayuu na keenay. Albaabkii hore ayaa nin oday ahi naga furay. Gudaha markii aannu galnay, gambadho ayuu noo dhigay. Dabadeed sheekadayadii ayaannu u sheegnay. Wuxuu nagu yidhi, "anigu meel aad seexataan ma hayo." Cabdirashiid ayaa ugu jawaabay, "war adeer, hurdoba nama haysee, gurigii reer hebel na gee."

Ninkan maamulaha ah, iyo reerka gaadhiga lihi waa isku jilib hoose. Wuxuu noogu jawaabay, "idin geyn maayo, oo halkan dadka la isuma geeyo." Annagu ninkan sidii oday tolka ah ah ayaannu ula hadlaynaa, isaguse waa "*sujuu googo'ay!*" Garnaqsi iyo canaan baannu ku bilownay. Annagoo isla yaabban ayaa wiil dhallinyaro ahi noo soo galay. Wiilkii buu af Sawaaxil kula hadlay. Dabadeedna, "wiilkan raaca" ayuu na yidhi, "isaga ayaa guriga idin tusayee." Wiilkii ayaa na horgalay. Muddo kooban haddaanu soconay ayuu istaagay, "gurigii aad rabteen wakaas," ayuu yidhi, intuu farta noogu fiiqay. Ilaa 180 tallaabo ayuu gurigu noo jiraa.

Gurigii baannu soo galnay, mise daaradda waxa fadhiya odaygii iyo islaantii Cabdirisaaq Lafoole wadey ee Libooya aannu iska soo raacnay. Odayga iyo islaanta waxa isugu kaaya danbaysey markii gaadhigu naga soo cararay. Nasiib wanaag, iyagu gaadhigay dushiisa fuuleen markay militariga arkeenba, sidaasna way ku soo raaceen. Odayga iyo Islaantu, dad iyaga ayaa noogu aragti danbeeyey, oo waxay ogaayeen in gaadhigu cidla nagaga soo dhaqaaqay, iyadoo militari nagu hareeraysan yahay.

Run ahaantii araggayaga aad iyo aad ayay ugu farxeen. Waxay naga waraysteen, sida wax noogu dhaceen, iyo sida cadowgii nagu hareeraysnaa Ilaahay nooga soo badbaadiyey. Sheekadii baannu dabada uga galnay wixii dhacay ilaa maanta. Sheekadayadii markii aannu marinayney "booliskii waxaannu ku kaga nimid, inaannu gaadhigii raadinno", ayaa islaantii guriga lahayd qol naga soo horjeeda ka soo baxday. Canaan bay nagu bilowday iyo cagajuglayn. Hadalladeedii waxa ka mid ahaa, "gaarigaynu denbi ma laha, magaaladiisii buu joogaa, boolisna waxba kama qaadi karo, iiga baxa guriga." Dagaal sokeeye, ayaa halkaa ka dillaacay (civil war).

Wadaaddii waxa aannu isku daynay in aannu qancinno, oo u sheegno in aanaan baabuurkooda daba joogin, dacwadna ku ahayn, laakiin, aannu sidaa askarta kaga soo baxsannay. Xaajiyaddii waabay nagu sii qaraxday waxayna ku celisay, "in uu gaadhigoodu waraaqo leeyahay, cid wax ka qaadi kartaana jirin". Illeyn meeshan Kenya war la'aan ayaa naga haysee, dumarka waaweyn "Maamma" ayaa la yidhaahdaayoo, iyaga ayaa carriga ka taliya, oo lagamaba dabo hadlo.

Qanciya ayaannu is nidhi oo labadayadiiba waannu isu daba marnay. "Haddii aydaan guriga iiga bixin, wallaahay hadda ayaan boolis idiin ku yeedhayaa" ayay noogu hanjabtay. Intaa markay na tidhi ayaa waxaa qol ka soo baxay wiil ay islaantu dhashay iyo gabadh. Wiilkii baan is idhi, bal inuu hooyadii naxariis dhaamo isaga wax weydii. "Inaadeer ninkii Kamaal war ma u haysaa meel u ku degay." Wiilkii wuxuu noogu jawaabay, "wuxuu ku degay Hotel Raaxoole." Walaal na soo tus hoteelka," ayaa Cabdirashiid ku yidhi. Wuxuu noogu jawaabay, "waxba idin soo tusi maayo, ee orda raadsada."

Intaasi markay wiilkii afkiisa ka soo baxday ayaan islaanta waan ka xishoonayaye isagii ku qarxay. Waan xusuustaayo waxaan ku idhi, "war wax isdhaama miyaydaan lahayn, waa maxay reerkiinnan gunta ahi," hadallo ay ka mid yihiin. Meeshii buuq baa ka dhashay. Deriskii ayaa buuqayagii maqlay, dabadeedna nin ayaa noo yimid oo buuqayagii markuu inyar dhegeystay yidhi, "waryaadha maxaad u baahantihiin?" Waxaannu ku nidhi, "Hotel Raaxoole ma na geyn kartaa?" Ninkii, "haa" ayuu noogu jawaabay. Intaa dabadeed, ninkii baa na kaxeeyey oo hotelkii na geeyey.

Markii aannu hotelkii tagnay, ayaannu qoladii haystayey weydiinnay, in nin Kamaal la yidhaahdaa hotelka maanta soo degay. "Haa" Kamaal waa deggan yahay, ma wiilashii uu sugayey baad ahaydeen ee uu qolalka u qabtay?" "Haa walaal wiilashaas baannu nahay." Fure ayuu na siiyey, qolka 7aad ku qoran yahay. Qolkii baannu galnay, midkaayoba sariir buu dusha uga baxay. Weli ma aannaan naxdin goyne, qolka aad baannu u hubsannay inaanu albaabka xidhnay. Waxa aannu nahay niman didsan, oo intii aannu Libooya ka soo baxnay, aan wax na diirta mooyee, aan arag cid naga naxdaba.

Cunto aannu cunno waxa noogu danbeysey, maalintii hore ee aannu Libooye ka soo baxnay. Muddo soddon saacadood ah wax cunto ah ma aannaan cunin. Laakiin, maba aannaan xusuusan cunto, gaajona maba aannan dareemin.

Markii aanu ilaa 45 daqiiqo qolkii joognay, ayaa albaabkii nalagu soo garaacay. Waannu aammusnay, illeyn cid walba waannu ka baqaynaaye. Markaannu la hadli weyney ayuu yidhi, "waryaadha waa Kamaal Digaale'e iga fura." Albaabkii markaannu furnay ayuu na yidhi, war ma nabad qabtaan, iyo dadkii intii kale meeye?" Waxa aannu u sheegnay, in maanta duhurkii ay isugu kaaya danbeysey. "War bal soo baxa aad makhaayadda hotelka wax ka cunteene," ayuu na yidhi. "War ninyohow bixi maynee cuntada qolka noogu keen "ayaa jawaabtayadii noqotay. Intuu qoslay ayuu yidhi, "war cidina toosh idin ma daba waddee soo baxa, imminka xor baad tihiine."

Annaga oo baqayna oo hareeraha fiirfiirinayna, ayaannu qolkii ka soo baxnay, oo makhaayaddii nimid. Suqaar baannu ka dalbannay, oo haddana mid labaad ku ceshannay. "Ma qayilaysaan, mise waad iska seexanaysaan," ayuu Kamaal na weydiiyey. "War naf aannu ku qayilnaaba naguma jirtee waannu iska seexanaynaa."

Maalinnimadii xigtay, waxa noo yimid nin Cabdicasiis la odhan jirey kana mid ah jameecadii aannu kala lunnay. Cabdicasiis ayaa nooga warramay in dadkii aannu wadasoconnay ay dhammaan magaalada soo wada galeen, iyagoo nabad qaba. Maalintaa si fiican ayaannu u qayilnay. Mawliid Yaasiin oo isagu magaalada arday ka ahaa, oo aannu ehel nahay ayaa isna naga war helay oo noo yimid. Mawliid waxaan u sheegay inuu baasaboorkii aan gabadha u dhiibay iiga soo qaado oo isagu ii hayo ilaa inta aan Gaarrisa ka baxayo. Maalintii labaadna hotelkii gudihiisa ma aannaan dhaafin. Qolkayaga iyo makhaayadda cuntada ee hotelka meel aan ahayn ma aanaan tegin, labadaa maalmood.

Casarkii annaga oo iska qayilayna, ayaa Kamaal noo yimid, wuxuuna noo sheegay in aannu caawa seexanayno guri gabadh ehel ahi leedahay, salaadda subax dabadeedna aannu Nayroobi u ambabaxayno. "War ninyohoow Allahaa hadduu Alle yahay qof danbe oo reer Gaarrisa ah ha noo geyn" ayaannu ku nidhi. "War waa gabadh dadkan ka duwan oo Soomaaliyana tegtegi jirtey, hooyadeedna waa inanga" ayuu yidhi.

Labadaa maalmod ee aannu Gaarrisa joogno, ninkii Kamaal iyo reerkii gaadhiga lahaa gar bay ku jireen. Gartaas oo ku saabsanayd lacagtii 1500 shilin ahayd in ay Kamaal u celiyaan. Kamaal faromadhnaan ayuu kala yimid reerkaa. Gurigii gabadha ayaannu nimid, iyada oo qol si fiican noogu gogoshay. Si niyad ah oo naxariisi ku jirto ayay noo soo dhoweysey. Casho sharafeed ayay noo samaysay. Waxa kale oo ay noo shidday cajalad muuqaal ah (video) oo ay noogu danbeysey maalintii Xamar dagaalku ka qarxay 31kii Dec 1990. Waxay cajaldaasi ahayd Saado Cali Warsame AHN. Heesihii *"naftaydaa kuu jirrabanoo, iyo yaa kuu warrama wadnahaygiyoow, iyo war ninkoow, ninkoow iyo Landcruiser gado iwm"*.

Nalkan iyo video-gan iyo fadhigan waannuba u qaadan weyney. *"Illeyn dad baa weli si caadiya isaga nool, oo cajlado iska daawanaya,"* ayaannu niyadda iska leenahay.

Habeynkaa sidii Sujuuga ayaannu u qayilnay oo waagaannu ugu berinay. Salaaddii subax horteed, ayaa gaadhi bas (coach) ahi hoonka bannaanka ka yeedhiyey. Dabadeed sidii adhiga ayaa nalagu daabbulay. Kooxdayadii kalena baskaa ayaannu ku kulannay. Gaarrisa, dhanka Nayroobi looga baxo waxa ka xiga buundo (bridge). Dadka Nayroobi u socda halkaas ayaa aad loogu baadhaa. Basku lacag dheeraad ah ayuu naga qaatay. Buundadii ayuu na dhaafiyey iyada oo aan cidina na baadhin. Meel wax xoogaa u jirta buundada ayuu dareewalkii istaagay oo yidhi, "dhulka usoo dega." Gabadhii duco qabtada ahayd oo markaa baska nala saaran ayaa nala hadashay oo tidhi, "ha welwelina waa caadiye," waxayna ku dartay, "basku dib ayuu magaalada ugu noqonayaa, rakaabkii ayuu soo qaadayaa marka qorraxdu soo baxdo, ee buul cawskaa gala oo ku suga."

Gabadhani iyadaa khadkan baska noo soo xidhay oo hawsha noo sii diyaarisay. Maanta oo ay soddon sannadood ka soo wareegtay, weli telefoonkii gurigooda ilaa maantadaa waan xusuusnahay, meel aan maskaxdayda ahaynna kuma qorin. Gabadhaas maanta London baannu deris ku nahay, markaan soo xusuustaba waan u duceeyaa.

Saddex bas oo si qurux badan loo dhisay, laguna sharraxay oo dheegga lagaga dhejiyey sawirrada saddex ciyaartooy oo waqtigaas dunida caan ka ahaa (Football stars), oo kala ahaa, Ruud Gullit, Frank Rijkaard iyo Marco van Basten, ayaa meel dhinacayaga ah biriigga ku qabtay, oo hoonka noo yeedhiyey. Markaannu bannaanka usoo baxnay, oo aannu basaskii ku dhow nahay, ayaa ishayadu qabatay saddex gaadhi oo Land Rover ah, oo dhankii buundada ka soo socda oo ciidan militari ahi saaran yihiin. Dadkii kale maba aanay dareemin, laakiin aniga iyo Cabdirashiid markaannu isha ku dhufannayba dib baannu isu dadabnay oo dhankii buul-cawska ku noqonnay. Labadayadu waxaannu nahay niman wadnaha shiil loo dhigay oo bayr yeeshay.

Kamaal oo hoggaamiye noo ahaa dadka basaska saaranna ka mid ahaa, ayaa soo degay oo intuu noo gacan-haadiyey yidhi, "war waa kulanyo ciidan ah oo basaska gudbisa ee soo baxa." Subaxaas ayaannu Nayroobi u jihaysannay, casarnimadiina waxaannu galnay Nayroobi. Maalintaas aannu Nayroobi galnay waxay ku beegnayd 27kii May 1991. Maalintii xigtayna waxa Addis Ababa laga qabsaday oo dibedda looga saaray taliskii Dergiga ee uu hoggaanka u ahaa Mingeste Xayle-Maryam.

Waxa aan marna maskaxdayda ka guurin, sidii naloo garaacay, haarihii oogada iyo hiirtaanyadii qalbiga, ee joogtada ahayd ee aannu muddo la noolayn. Maalintaa wixii ka danbeeyey, mar kasta oo aan arko askari ku lebisan dirayska militariga ee Kenya, iyo gaadiidka xamuulka ee ciidammada militariga Kenya, cabsi ayaan dareemi jirey. Baqdintaasi waxa ay dib iigu riixi jirtey xusuusta dhacdadii May 1991. Cabsidaas iyo welwelka noocan oo kale ah, waa waxa ay culimada cilminafsigu ugu yeedhaan, "*Post-traumatic stress disorder*" (PTSD).

Xusuustaas ihortimid ee dhacdadii Gaarisa ee 1991, baqdin bay igu dhalisay. Haddana, waxaan isku dhiirri gelinayey, shan sano horteed oo aad intan ka da' yarayd, kana khibrad yarayd haddii aad ka dabbaalatay, maanta oo aad xadhko-goys tahay, khibrad tahriibeed iyo mid dhaqan Afrikaan oo durugsanba aad kasbatay, waxba ku xidhi maayaane ha u biqin. Markaas dabadeed ayaan "*xiniinyo iska baadhaa*" oo geesinnimo hor lihi igashaa. Inta si mug leh u neefsado, ayaa degganaan hor leh igu soo maaxataa.

Wadaadkii waan ka imid, waxaanna soo aaday dhankii Saxarla aan ku ogaa. Intii aan jidka soo socdey, oo aan aniga iyo naftaydu dagaalka ku soo jirney, ayaan laba jariidadood jidka ka soo iibsaday, "Zimbabwe Herald, iyo mid ciyaaraha ka sheekayn jirtey." Sababta aan jaraa'idka u iibsanayey akhris keliya ma ahayn, laakiin, *walax kalaa ku hoos qarsoonayd!*

Ugu danbayn, hotelkii aan Saxarla kaga tegey ayaan soo gaadhay. Halkaas oo ay muddo keligeed go'doon ku ahayd, sanqadhii soo yeedhana ay moodeysey Saxardiid oo soo noqday. Markii aan ka baxayey, waxa aannu kusii ballnnay in aanay cidna albaabka ka furin, haddii lagu soo garaaco. Waxa kale oo aan u sii sheegay, in anigu markaan soo noqdo aanan albaabka garaacayn, laakiin, aan ku odhan doono, "Saxarla waa Saxardiid ee iga fur." Sababta aan hotelka keligeed ugaga tagayaa waxay ahayd, in aan ka taxadarayey in labadayada oo meelahaa wada socona nala bidhaabsado, dabadeedna aannu bartilmaameed la sii astaysto noqonno.

Aniga oo labadii jariidood, iyo xidhmo muus/moos ah, dhawr xabbo oo tufaax ah, buskud, cabitaan, iyo rootida yar yar ee scones-ka la yidhaado wata ayaan hotelkii soo galay. Waxa kale oo ii weheliyey "Tuna Sandwich" aan qado ahaan Saxarla ugu soo talo galay.

"Saxarla, waa Saxardiide iga fur," ayaan ku idhi. Markiiba way iga furtay. Qorshihii safarka oo dhammaystiran ayaan u dedejiyey. Waxaanna u sheegay in ay diyaar noqoto. Iyana waxba kama kala daadsanayne, faraha hore ayayba ku taagneyde, sidii ayay yeeshay.

Waa tii hore loo yidhi *"oodo dhacmeed siday u kala sarreeyaan ayaa loo guraaye,"* Saxarla, waxaan markiiba u soo jeediyey inay muhiim tahay, inay xidhato dhar aan dadka kale lagaga sooci karayn. "Saxarlaay waxaa loo baahan yahay in aad surwaal Jeans ah iyo kabo sports ah (trainer shoes) la soo baxdid." Waxa kale oo aan u raaciyey, in ay shaati Nareeri/Nyerere ahna kor ka xidhato. Dharkani waa dhar hore u qorshaysnaa, oo aan hubo inay shandada Saxarla ku jiraan. Waa maxay sababta aan dharka gabadha ugu doorayaa? Sidii aan qaybtii hore ku soo tilmaamay, xuduuduhu waa meelo khatar badan, oo la iska ugaadhsado. Haddaba, si aad uga gudubtid waa in aad tahay qof farsamo badan, ama nasiib badan, ama labadaba kulansaday.

Dadka Soomaalidu badi way ka muuqaal duwan yihiin walaalahooda Afrikaanka ah. Sidaas oo kale, haweenka Soomaalida waxa u dheer, in ay ka dhar/hu' duwan yihiin dadka kale. Dharkaa iyo aragti duwanaanshahaasi waa nuqsaanta ugu weyn ee inta badan lagu soo tilmaansado dadka Soomaaliyeed ee xuduudaha Afrika isaga kala gooshaya. Waxa aan rabaa, ee aan Saxarla dharka ugu beddelayaana waa in aan meel fog laga soo bar-tilmaameedsan.

Dharkii markii ay soo beddelateyna, waxay isku soo taagtay muraayadaheedii indhaha ee hoosiiska lahaa. Intaa dabadeedna waxaan u dhiibay suunka ballaadhan ama "kiishadda" dhexda lagu xidho ee lacagta iyo waraaqaha sharciyada lagu rito (bum bag). Hadda ogoow, Saxarla baasaboor iyo wadaaqo-sharci midna ma haysatee! Koofiyaddii qorraxda laga xidhan jireyna way isku jookhday (sun hat). Labadii jariidadood midkood ayaan u dhiibay oo ku idhi gacanta ku qabso. Ujeeddadu

116

waa in Saxarla qofkii arkaa aanu dareemin inay dadka ka duwan tahay, oo loo arko qof safar yaqaan ah, oo leh suuradda dadka dalxiisayaasha ah. Saxarla waxay tidhi, "in yar isug, Salaatu-Istikhaara ayaan tukanayaaye." Aniga laftayda wayba ixusuusisaye, halkii ayaannu salaaddii labadayadiiba ku tukannay, duco halhaleel ahna bishmaha ku boobnay.

Tagsi ayaannu bartii ka qaadannay. Waxa aannu markii horeba abbaarnay dhankii sheekh Siciid, si Saxarla aan ugu wareejiyo sheekha, isna uu ugu wareejiyo nimankii xuduudda weydaarin lahaa. Rugtii sheekha ayaannu soo gaadhnay. Gaadhigii ayaannu halkaa kaga degnay. Ninkii tagsiga nagu wadey waxaan u sheegay, in uu masaajidka hortiisa igu sugo. Waajibaadkii ayaannu halkaa ku kala qaadannay.

Nimankii Saxarla xadka ka gudbin lahaana waa lagu wareejiyey. Saxarla waxaan kula ballamay, marka nimanku xuduudka ay soo dhaafiyaan, in ay soo beegsato halka basasku ka baxayaan, aniga oo u tilmaamay midabbada basaskaasi leeyihiin, iyo jihada ay u jeedaanba. Waxaa kale oo aan kula ballamay, marka ay dhanka gudaha Koonfur Afrika soo gasho, nimankii wadeyna ay halkaa kaga hadhaan, in aanay ku mashquulin in ay hareeraha eeg-eegto, oo laga dareemo inay tahay qof qariib ah oo cid caawisa raadinaysa.

Ugu danbayntii, waxaan kula ballamay, "aniga ayaa ku arkaya oo korka kaala socda, adigu toos uga soo dhaqaaq meesha ay nimanku ku dhigaan, adiga oo dhanka basasku kaa xigaan soo abbaaraya, isla markaana jilaya sidii qof isku kalsoon oo garanaysa meesha ay u socoto. Ha istaagin ilaa aan anigu kula kulmo toos socodkaaga u wado."

Tagsigii oo bannaanka taagan ayaan ku booday. Waxaana u sheegay in uu xadka igeeyo (border point). Anigu baasaboorkayga ayaan wataa, baasaboorkaasi ma aha mid Soomaaliyeed. Xadkii dhanka Zimbabwe ayaan imid. Dabadeed, dhankii Koonfur Afrika ayaan uga gudbay aniga oo aan wax dhib ah ku arag hay'adihii socdaalka iyo kuwii kastamada labada dal midna. Shandadahayagii labada ahaa aniga ayaa wada. Halkii basaska Johannesburg ka bixi jireen ayaan meel ka astaystay. Meeshaas oo aan ku doortay in aan toos uga arki karo jihadii aan ka filayey Saxarla. Jaraa'idkii aan haystey ayaan wehel ka dhiganayaa, oo iska dhigayaa nin akhrisanaya oo xaalad deggan iskaga jira.

Akhris iyo degganaan midkoodna ma jirine, jaraa'idka waan ku gabbanayaa. Muddo ilaa 20 daqiiqo ah, laakiin 20 saacadood iiga dhignayd kolkii aan halkii fadhiyey, marna istaagayey, ayaan arkay muuqaal horteydaas laamiga dhinaciisa ka soo muuqda. Isha ayaan ku dhuftay. Si fiican ayaan uga buuxsaday. Alxamdu-Lillah waa Saxarla.

Saxarli, qof calool adag oo fahmo badan ayay ahayde, sidii qorshuhu ahaa mid kama ay khaldin. Anigii laftaydii ayaaba u maleeyey in ay ka mid tahay dadkii dalxiisayaasha ahaa! Hoos baan naftayda iskula xantay, "Saxarali way kuu dhuumanaysee waa dhug iyo cadho reeb, Alla tani maxay xuduud ka tallowday."

Qaddar kooban, markii ay soo socotay oo aan ka badnayn ilaa 4-5 daqiiqo, oo aniga igala badnayd afar saacadood, ayaa socodkeedii dhinaca midigta u batay. Waxa aan arkay, iyada oo ku beegan meel niman boolis ahi, ay qolyo tahriibayaal ah oo iyada wax yar ka soo horreeyey ay ku qabteen. Markaa ayaan si hal-haleel ah degdeg tallaabada u boobay. Dhankii ay u socotay ayaan hor-qabateeyey.

Nasiib wanaag, intii aanay colkii u gelin ayay i aragtay, aniga oo sidii ruux waalan tallaabada hoosta ka xadaya. Markiiba dhankayga ayay haddana isu soo dadabtay. Markaas ayaan anna halkii dib uga noqday, oo shandadihii oo aan cidla kaga imid dhankoodii u dhaqaaqay.

Way fahamtay in wax khaldameen, hase yeeshee, ma ay lumin kalsoonideedii. In yar dabadeed, iyada oo aan isoo gaadhin, ayaan shandadihii la fuulay bas weyn (coach) oo u jeeda dhanka Johannesburg, oo aan kaba fogeyn halkii shandaduhu ii yaalleen. Saxarla dhankii baska ayay iyana soo aaday, oo toos u soo gashay baska gudihiisii annaga oo aan wada hadlin. Markaas ayaan niyaystey in aannu maanta badbaadnay. Galabtaas ayaa saddex arrimood ii caddaadeen. Qofta Saxarla ahi waxa ay isku darsatay; geed-adaygnimo, geesinimo iyo garasho.

Mar Alla iyo markii baskii u jihaystay dhankaa iyo Johannesburg ee uu wadadii weyneyd cagta saaray ayaan xaalad kale galay. Saxarla oo dhinacayga fadhida ayaan isha ku xaday. Maashaa Allaah, maxaa shacni iyo wanaag ka muuqda. Waxa mar keliya ii sawirantay laba arrimood oo isku mar maskaxdayda ku kulmay. Waxaan galay xaalad welwel iyo dareen murugo xambaarsan.

Labadaas arrimood gebagebadoodiina waxay markiiba igu riixeen, in aan dhab u fahmo mas'alo diini ah oo nuxurkeedu sidaa uu maalintaa iigu dhacay aanu hore iigu dhacsanayn.

Dhulku waa dhul qurux badan oo nimankii caddaanka ahaa ee dalka xoogga ku haystay ay tacab badan geliyeen. Jidka hareerihiisa waxaa ku taxan beero iyo dhul-daaqsimeed indhuhu ku doogsanayaan. Lo'da iyo idaha dhulkaa daaqayaa waa barqo-dhereg. Waa xoolo aan dulin qaniina iyo dugaag wax cuna toonna looga baqayn. Waxaaba niyaddayda ku soo dhacday, "halkani waxay ku habboonaan lahayd in reerihiinnii loo soo raro." Waxaa ii sawirmay idihii aan shanta tiro (500) marna hoos uga dhici jirin ee ayeeyaday Khadiija Ismaciil Cali (Arabey), oo bannaanadan ku soofaya. Waxaan niyadda iska idhaahdaa nasiib badnaan lahaydaa adiga oo idihiinnii iyo dooxooyinkan fidsan ee dooggu hadheeyey ee aan dulinka iyo dugaagga toonna lahayn isla hela.

Dumarku dhanka dareen-akhriska iyaga ayaa kaga horreeya ragga, Saxarla ayaa wejigayga ka dheehatay in wax hor lihi igu soo kordheen. Markiiba labadii arrimood ee igu soo biiray ee welwelka igu kordhiyey ayaa *dareenkeeda lixaad* tusay. Waxay garatay, in wax saa'id ihi jiraan oo xaaladdaydii wax iska beddeleen.

"Toloow muxuu yahay dareenkan cusub ee Saxardiid ku soo kordhay" ayay uurka iska weydiisay. Waxay nafteeda kula xanshashaqday "xaggee inanka laga saaqay." Si tartiib ah ayay igu tidhi, "walaal Saxardiid, miyaad xanuusanaysaa."

"Maya walaal ma xanuusanayo." Haddana waxay igu celisay su'aal kale oo ah "welwel ayaa kaa muuqdee, ma khatar aanan ogayn ayaa jirta oo inaga horreysa."

"Maya walaal Ilaahay ha inaga hayee, mar haddaynu xuduudkii soo weydaarannay carrigu waa ammaan."

Markaas ayay haddana iweydiisay "wax cusub ayaa kugu soo kordhaye walaal waxba ha iga qarine ii sheeg." Waxaan jeclaystay inay iga aamusto inta aan riyo-maskaxeedka aan ku jiro ka boganayo. Haddana kama aammusi karayn Saxarla oo aan ahaa wehelka keliya ee ay markaa haysato. Wax aan ugu jawaabo ayaan garan waayey. Waxa markaa maskaxdayda ku soo dhacday sheeko aan hadda ka hor maqlay oo sidan u dhignayd: -

Nin reer Hargeysa ah, oo maqadaa-madhergaan ah, ayaa wax xoogaa lacag ahi soo gashay. Gaajo daranina ninka way haysey. Kolkaas ayuu makhaayad yimid. Ninkii wuxuu dalbaday hadhuudh/garoow. Markii hadhuudhkii loo keenay, ayuu fandhaalkii/qaadadii isla markiiba geliyey, oo cantuugo degdeg ah afka ku hubsaday. Hadhuudh kulul buu ahaaye, ninkii afka ayuu kaga gubtay. Markaas ayaa indhaha ilmo ka timid. Ninkii wuu is-adkeeyey, illeyn meeshu waa makhaayad indho-badan ahe. Nin meel ku dhow fadhiyey, ayaa arkay ninkan caddilan ee ilmaynaya. Soomaali faduul lagama waayee, wuxuu weydiiyey "war ninyohoow maxaa kugu dhacay oo kaa ilmaysiiyey." Ninkan xayraanka ahi meel fogba wax kama raadine, wuxuu markiiba ugu jawaabay "war ninyohoow Nabi Muxammad (SCW) ayaan soo xusuuatay oo waan qiirooday!"

Maalintaas markii ay Saxarla iweydiineysey, waxa igu dhacay, waxa aan isidhi, ma ugu jawaabtaa, "Nabi Muxammad (SCW) ayaan soo xusuustay oo waan khushuucsanahay." Haddana, waxaan is-idhi, maya ee runta u sheeg. Toloow maxaan dareemayaa oo miyirkaygii la tegey?

Inta aanay jawaabtu meel kale kula aadin aan kuu iftiimiyo waxa iga dhex hugmayey. Runtu waxay ahayd, waxa ii sawirantay, Saxarla oo labadii nin ee lagu soo daray ee tahriibeyeyaasha ahaa ay duurka la galeen, wixii ay ku fali karayeen ee xumo ahna, ku faleen. Markii ay ka

121

haageenna, habar-dugaag iyo yamyam isugu habar wacatay oo halkaa cidaamkeeda lagu ruugay. Waxa kale oo ii sawirantay, askartii xuduudda oo qabatay oo iyana meel gaar ah ku xabbistay, oo isu soo tilmaamaya halkaana maraqeeda ku cabbay, oo marba mid u soo dhereg-dhacsi tagayo. Ilaahayse kama dhigin.

Maalintaas ayaan si dhab ah oo ficil ah u fahmay xikmadda Diiniga ah ee ina faraysa, "*in aan haweenka loo ogolayn inay safraan Muxrim la'aan.*" Dhibta guud iyo rafaadka socdaalka iyo khatartiisa waa loo siman yahay rag iyo dumar, laakiin, haweenka khatar kale ayaa u dheer.

Maanta waxa aad maqlaysaa, gabdho Soomaaliyeed oo dhibkii Saxaaraha Afrika iyo rafaadkii safarka dheer Ilaahay soo dhaafiyey, oo soo gaadhay Liibiya, dabadeedba xaaraami reer Liibiya ahi qabsaday oo guri ku haysto, oo intuu muddo haysto, xaaraamiyiin kale kasii kiraynaya, aakhirkana sayladda taagaya oo sii iibinaya. Waxase ka sii daran, sida Soomaaliyi u rogmatay, oo *awoowgood loo gubay,* waxa xaaraamiyiintaa qayb ka ah dillaaliin damiirlaawayaal ah oo Soomaali sheeganaya. Duf ku baxa.

Wax aannu sii soconnoba, gabbalkii ayaa madoobaaday. Habeenimo ayaa la galay. Waxa aannu soo gaadhnay magaalo "Petersburg" caddaankii midabtakoorku ula baxay, markeedii horese la odhan jirey Polokwane. Waa magaalo madaxda gobolka la yidhaahdo Limpopo (Limpopo Province). In yar markii aannu soo weydaarannay magaaladii ayaannu ku hakannay meel makhaayado, dukaammo iyo shidaallayaal isku wada qoofalan, oo dadka safraya loogu talo galay in ay ku nastaan. Diiftii safarka ayaannu halkaa iskaga reebnay. Safarkayagii ayaannu hore u sii wadannay. Jidku dheeraa oo Johannesburg fogaa. Waxaa igu soo dhacday hees ay qaadi jirtey Faadumo Duur oo ereyadeeda ay ka mid ahaayeen: -

"...dheeraa wadaduyoo
Wadankuna fogaayoo
Walbahaarku kululaa....
Heestaas ayaan iska weheshanayey habeenkaas oo dhan intii aannu safarka ahayn.

5

Johannesburg

Saacaddu xilligan waa 11kii habeennimo (2300). Waxa aannu soo galnay magaaladii safarkayagu ku ekaa ee Johannesburg. Magaaladu qurux badanaa, oo dabaqyo badanaa. Jidad isweydaaranaya oo iskor iyo hoos maraya badanaa. Calaamado jidadka lagu qurxiyey ayaad jiho walba ku arkaysaa. Sawirradii ciyaartooyda caanka ah ayaa gidaarrada ku dheggan. Boodhadhkii soodhoweynta furitaanka ciyaaraha ayaan ka madhnayn, oo gidaar walba lagu xardhay. Nalal midabbo kala gaar ah leh oo bilicsami dheeraad ah wata, looguna talogalay ciyaaraha Afrika ee dalka ka socda ayaa bidix iyo midig, hore iyo gadaalba aad ku arkaysaa.Weliba marka aad habeennimo soo gasho, Afrikada kalena aad ka timaaddo, markaagii koowaadna ay tahay, Johannesburg waad ku indho daraandaraysaa.

Saxarla ayaa si niyad ah iigu tidhi, "tani New York waxba uma oga." Farta ayay ku fiiqday meel hortayada ah, "bal eeg halkaa dhanka midigta inagaga toosan, waaba *New York Empire State.*" Saxarla waxa ay tilmaameysey, daar weyn oo dheer oo qurux badan oo hortayada ka muuqata, una eg, dhisme caan ah oo New York ku yaalla, dhisamahaas oo muddo badan ahaan jirey kan dunida ugu dheer.

Waxba yaanan hadal idinku daaline, baskii wuxuu ku soo xidhay astaankii/boosteejadii. Waa laga daatay.

Qof waliba shandadiisii ayuu tiigsaday. Saacaddu waxay caga-cagaynaysey 11kii iyo badhkii habeennimo (23:30hrs). Meeshu waa Johannesburg (Jo'burg). Waa magaalo budhcad, maafiyo, iyo dadka daroogada kala waaridaa ay xoog ku leeyihiin. Goobtu aannu taagannahay, waa goobaha ugu khatarta badan. Waa astaankii weynaa ee basaska gobollada iyo dalalka deriska ah isaga gooshaa ay ka bixi jireen. Waxa ku dheggan xarunta tareennada ee waddanka ugu weyn (Train Station) uguna mashquulka badan. Hillbrow, oo ah xaafad budhcadda gabbaad u ah, ayaa kaabiga nagu haysa. Waa Saxarla oo haween ah oo safar ah, iyo Saxardiid oo ajnebi ah. Xilligu saqdii dhexe ayuu kusii siqayaa. Mararkii hore ee aan Johannesburg imaan jirey keligay ayaan ahaan jirey, maalinnimona waan ku soo beegmi jirey. Dhinac walba waan dhugtay. Mise wax aan miciinsado oo wax igu biiriyaa ma jiraan. Dadkii hareerahayaga marayey oo dhammi cadow nagu meersan, oo tartan ugu jira sidii ay noo boobi lahaayeen ayay isugu kay sawireen. Tuducyadan hoose oo ka mid ah gabay uu tiriyey, gabayaagii weynaa ee Aadan Carab (AHN), ayaa maskaxdayda ku soo dhacay.

"...Haddii laga soo kor dhaco naagahoo, kaydku ka idlaaday
Kuurkuursi uun baa ka hadha ama kudaanneyse
Kartidaanse kaga soo baxaa kodo cidhoodhyoone..."

Inyar aan idiin ka tilmaamo xaafadda khatarta badan ee Hillbrow. Dhawr biloob ka hor, ayaan Jo'burg safar ku imid. Subax ayaan dhanka Hillbrow soo gaadhay, iyada oo mid yar oo caseeye/baalashle ahi kabaha ii dhalaalinayo, ayaa nin madoow oo muruqyo kuusan oo hilbooni kabihiisii u soo tuuray dhankii wiilka caseeyaha ahaa. Wiilkii yaraa, kabihii ninku soo tuuray ayuu la booday, kuwaygiina dhulka ayuu dhigay. Baalashkii ayuu ku bilaabay kabihii ninka. Aniga oo yaabban, dareenkayguna hore u dhibsaday ninkii kabaha soo tuuray sida anshax darrada ah, ee uu wiilka kabaha ugu soo halgaaday. Iyo gabankan yar ee kabahaygii degdegga u dhigay, ayaan yarkii ku idhi, "adeer kabahayga horta dhammee, inta aanad qof kale u shaqayn." Yarkii dhankii ninka ayuu eegay, ninkiina madaxa ayuu ruxay. Waa tii hore loo yidhi *"hal libaax arkaysaa ma godlatee"* yarkii, kabihii ninka ayuu si xawli ah baalashkii ugu boobay.

Mar kale, ayaan yarkii inta gacanta qabtay oo ka joojiyey hawshii uu wadey, ku celiyey *"adeer kuwayga ayaa ka horreeyaye, marka hore, ii dhammee aniga."* Intaa markii aan yarkii ku idhi ayaan arkay nin dushayda taagan. Inta uu timahayga qabtay, ayuu yidhi, "are you from Somalia? (Ma Soomaali ayaad tahay?" Kolkaas ayaan kor u eegay oo ku idhi, "Yes, I am from Somalia (Haa Soomaali ayaan ahay)." Hadalkaa kooban markii aannu isweydaarsannay, ayuu inta uu koodhkii uu watey dhinac u yara qabtay, ii muujiyey bistoolad guntiga ugu jirtey. Aniga oo argagaxsan, ayuu haddana ii raaciyey "Be careful man, here is Hillbrow." Markaas dabadeed, ayaan ogaaday in aan ahay nin war moog ah oo aan garanayn meel uu joogo, iyo khatarta ka imaan karta ninkan aan la murmayo. Xaalkaygu wuxuu u ekaa markii hore *"libaax nimaan aqoon, ayaa lax ka rita."*

Waa nin Galbeedka Afrika ka yimid, oo sida aan qiyaasayo reer Nayjeeriya ahaa. Nin fiican ayuu ahaa, wuu ii tudhay maalintaas. Laakiin waxba kuma sinnayn, in uu halkaa igaga dhammeeyo, amaba igu khaarajiyo. Maalin walba Johannesburg, gaar ahaan, xaafaddan Hillbrow dad ayaa si sahlan loogu dilaa, oo aan *deero, deero u herdiyin.*

Markii aannu baskii ka degnay, annaga iyo shandadahayagii oo keliya ayaa isku soo hadhnay. Dadkii nala socday, wax loo yimaaddo oo meesha laga qaado; wax degaan ahaa oo aan qabin cabsida aannu qabno; dad tagaasi markiiba meesha ka qabsaday; iyo qaar guryahoodaba u lugeeya ayay kala noqdeen. Anigu keligay haddaan ahaan lahaa welwelkaas badani ima hadheeyeen, oo waan garanayaa sidaan yeeli lahaa, laakiin, waxaan ahay nin *"rimoodh ku xidhiidhsan yahay."* Aniga oo marba dhinac dhuganaya, ayaan arkay laba nin oo boolis ah oo hortayadaa meel ku beegan soo socda. Nimankii dhankayagii ayayba toos u soo aadeen!

Labadii nin ee booliska ahaa, way nagu soo dhowaadeen. Aniga iyo Saxarlana waxaannu ku ballanay, in aannu iska dhigno dad mashquulsan oo aan warba u hayn waxa hareerahooda ka socda. Waxa aannu go'aan ku gaadhnay, in marnaba aanay nimankaas booliska ah indhahooda iyo kuwayagu isqaban. Siday u soo socdeen ayay na soo gaadheen. Way sheekaysanayaan labada nin. Midkood waa nin iska-dhal ah. Kan kalena waa nin cad. Way na waydaarteen, iyaga oo aan shaqo nagu darsan. Alxamdu-Lillaah, neef ayaa naga soo boodday.

Maskaxda bani'aadamku, marka ay khatarta dareento, aad ayay u shaqaysaa waxayna ku mashquushaa, khatartaa sidii ay xal ugu heli lahayd. Intii ay nimanku nagu soo socdeen, ayaan Saxarla ku idhi, anigu sharci ayaan haystaa oo aan dalka ku soo galay, adigu haddii lagu weydiiyo sharcigaaga, jeebabkaaga iyo boorsadaada garabka, baadhbaadh oo ka raadi baasaboorkaagii. Saxarla baasaboor ma wadane, waxaan u jeedey, in ay jisho sidii qof baasaboor wadatay, oo dabadeedna ugu danbayn sheekadu u ekaato, qof baasaboorkii ay wadatay ka lumay, ama laga xaday. Waxa kale oo aannu ku heshiinnay, in ay sheegato inay xaaskayga tahay oo aannu halkan u nimid aroos bax (honeymoon). Intaa waxaan u raaciyey magacayga oo ah Mr. Fred P. Thomson. Wax uu xaal ahaan lahaaba, Ilaahay nimankii na dhaafi.

Baasaboorkani sida uu igu soo galay, waa su'aal la isweydiin karo. Aniga oo safar ah, ayaan gaadhi tareelle (truck) ah subaxnimo ka raacay magaalo ka mid ah magaalooyinka dalalka Afrikada koonfureed. Baabuurkaas waxa la socda wadaha iyo nin kalkaaliye u ah. Intii aannu jidka ku sii jirney ayaannu sheekaysannay ninkii kalkaaliyaha ahaa. Ninkaas oo ahaa nin dhallinyaro ah. Wuxuu iiga sheekeeyey in uu Soomaalida jecelyahay oo uu ku bartay dalka Zambia. Gaar ahaan, wuxa uu aad uga sheekeeyey magaalada Lusaka in ay aad u deggan yihiin, xaafad la yidhaahdo Jaa'isa. Markii aannu in muddo ah sheekaysanayney ayaan uga warramay xaaladayda iyo waxa aan u joogo dalalkan Afrikada koonfureed. Sheekadaydii ayuu aad u jeclaystay kolkaas ayuu yidhi "iwe, you, typical Somali man."

Intaa dabadeed ayaan u sheegay in culays iga haysto dhinaca socdaalka oo baasaboorka aan wataa iga dhacayo dhowaan, sidaa daraaddeed aan u baahanahay baasaboor cusub oo dalalkan ah oo aan ku socdaalo. Ninkii wuxuu ii sheegay in ay sahlan tahay in la helo baasaboor dalalkan ah. Wuxuu ii raaciyey, in isagu uu haysto dhalashada laba dal oo ka mid ah dalalkan, labadoodabana uu iiga samayn karo baasaboor iyo dhalasho! Wuxuu ii sheegay in qabiilkoodu degganyahay xuduudka labadaa dal ee deriska ah. Si kale kuma garatide "nin Ogaadeen ah ka soo qaad!"

Muddo ilaa afar saacadood ah dabadeed, waxa aannu tagnay, mid ka mid ah dalalkii uu ninku dhalashada ka haystay. Markii aannu xuduudkii ka gudubnay, saacad dabadeedna waxa aannu gaadhnay caasimaddii dalkaas. Waa waqti qiyaastii labadii duhurnimo ku beegan. Ninkii wuxuu iisoo jeediyey, isla maantaba in aannu israacno oo aannu Xafiiska baasaboorrada laga bixiyo waraaqihii codsiga ka soo qaadanno. Wuxuu intaa raaciyey, hawshu in aanay hawl culus ahayn. "Waxaan kaa dhigayaa, qof qoyskayaga ka tirsan. Magaca qoyskayaga ayaad qaadanaysaa." Waan iska dhegeystay ninkan sheekadiisa. Waxaan weydiiyey, "aniga miyaa la ii baahanayaa, in aan xafiiska tago, oo wax la iweydiiyo?" "Maya, maya, foomamka aniga ayaa buuxinaya, dawladda hoose ayaan ka soo saxeexayaa. Intaa dabadeedna qareen ayaan isna ka soo saxeexayaa. Adiga sawirrada keliya ayaa lagaaga baahan yahay, iyo kharashka ku baxaya."

Aniga oo u qaadan la' waxa ninkani ii sheegayo, ayaan mar kale weydiiyey, "immisa lacag ah ayaad iigu samaynaysaa baasaboorkan?" "US $150 Doollar." Markii intaasi nakala gaadhay, ayaan ku idhi "diyaar baan ahay, lacagtaana waan ku siinayaaye, aan ku dhaqaaqno hawsha." Halkii ayaannu iska raacnay, waxa aannu aadnay xafiiskii baasaboorrada laga bixinayey. Sidii aannu u sii soconnay, ayuu yidhi, "fiiri xafiiskii waakan horteenna ku beegan, saw ma aragtid, akhri waxa ku qoran," isaga oo farta iigu fiiqaya dhankii uu xafiisku nagaga beegnaa. "Haa waan arkaa, waad mahadsan tahay." Xafiiska uu ii tilmaamayaa waa xafiiskii socdaalka iyo jinsiyadaha.

"Konton doollar ii dhiib ayuu yidhi." Kontonkii ayaan u dhiibay. "Halkan in yar igu sug, dukaankan ayaan sigaar ka oo iibsanayaa" ayuu yidhi.

Waa dukaan aad u weyn (supermarket). Dukaankii hortiisa ayaan iskaga sugay. Muddo ilaa toddoba daqiiqadood ah markuu iga sii maqnaa, ayaan shakiyey. Haddana waxa aan is idhi, waa meel weyn oo dad badani ka adeeganayaane, iska samir oo sug. 15 daqiiqo ayaa la gaadhay, mise ninkii ma hayo. Dukaankii ayaan galay, dhinac walba waan u qaaday. Waxa ii caddaatay, in ninkaasi i khashiinsaday, maantana ay igu dhacday.

Waan fekeray, aniga oo yara cadhaysan. Waxa aan go'aan ku gaadhay in aan xafiiska baasaboorrada aan anigu toos u tago. Isma weydiin waxa aan kala kulmi karo. Xafiiskii ayaan daf soo idhi. Waxaa jooga dad saf ugu jira waraaqaha codsiga baasaboorrada. Safkii ayaan gadaal ka soo galay. Si aad ah ayaan ugu kuurgalay dadku waxa ay leeyihiin, iyo waxa kaga soo noqonaya ninka miiska gadaashiisa fadhiya. Dadku waxay u badan yihiin, in ay leeyihiin, "can I have passport application form," ama inta ay gacanta soo taagaan ayay leeyihiin, "passport application form" iyaga oo aan ku darayn ereyga "can I have". Safkii wuu soo gaabtay. Waxa la soo gaadhay waqtigaygii. Gacanta inta aan xaggii ninka u taagay, ayaan idhi "passport application form, please" Ninkiina foomkii ayuu igu tisay. Xafiiskii waxa aan ka soo baxay aniga oo gacanta ku wata waraaqihii codsiga baasaboorka ee dalkaas.

Hawli waxa ay ka taagan tahay, waraaqahan wixii aan ku samayn lahaa. Magaaladii ayaan iska soo dhex lugeeyey. Waxa iga soo horbaxay, nin muuqaal Soomaaliyeed leh. Ninkii ayaan gacanta usoo taagay aniga oo dhoollacaddaynaya, "war Jaamac, Salaamu caleykum!" Ninku intuu yaabay ayuu istaagay. Markaas ayaan haddana ku idhi, "miyaadan Jaamac Axmed ahayn?" Markaas ayuu yidhi, "I am sorry, I don't understand what you are talking about." Markaas ayaan idhi, "iga raalli ahoow, waxa aad iila ekaatay, nin aan aqaanney oo Soomaali ah, oo muddo dheer aannaan is arage". Ninkii markaas ayuu intuu yara qoslay ii sheegay in dad kale sidaydaas oo kale ku khaldameen oo ay Soomaali u maleeyeen.

Ninkii ayaan magaciisa weydiiyey, wuxuuna ii sheegay in magiciisa la yidhaahdo "Patrick." Xaqiiqadii ninkaas haddaad aragtid ka garan maysid Soomaalida. Patrick waxa aan ka codsaday in aannu wada qaxwayno. Wuu iga aqbalay codsigaygii. Makhaayad bunka lagu sameeyo ayaannu fadhiisannay. Laba koob oo bun ah markii aannu ka laacnay, iyo labo quraaradood oo biyo ah, ayaan la wadaagay in aan badeecad wado, suuqna aan u baahanahay. Waxa aan u sheegay in aan wado alaabta la isku qurxiyo, sida saliiddaha timaha, iyo saabuunaha jidhka iyo labeenta jidhka iyo wejiga la marsado. Patrick waxa aannu ku heshiinnay in uu alaabtaa suuq u raadiyo, dillaalkiisana waan u ballan qaaday. Dawada ilkaha oo iyana aan wadey ayaan ku idhi suuq u raadi. Dawadii isla markiiba wuxuu yidhi iyada suuq degdeg ah ayaa loo helayaa.

Intaa dabadeed, waxa aan weydiiyey, in makhaayad cunto fiicani ay meelahan ka dhowdahay. Patrick wuu isoo kaxeeyey, waxa aannu ka qadeyney makhaayad aannu wax xoogaa u soo lugaynay, oo aad u cunto macaan. Dawadii niman doonaya ayaan garanayaa ayuu yidhi, markii aannu cuntadii dhammaysannay.

Dabadeedna labo nin oo bakhaar weyn haysta ayaannu u nimid. Nimankii ayuu u sheegay in aan dawada ilakaha "dental anaesthetic" aan hayo. Nimankii qiimahii ayaannu ka gorgortannay, aakhirkiina waannu ku heshiinnay. Dawadii ayaannu ku wareejinnay, Patrick-na dillaal fiican ayaan siiyey.

Waxa la soo gaadhay xilli maqrib ah, kolkaas ayaan Patrick ku idhi "bun ayaan u baahanahay meel aynu ka cabno". Makhaayad laga qaxweeyo ayaannu nimid. Makhaayadda khamrigana waa lagu fuudaa. Aniguna bunkaygii Ayaan dalbaday, Patrick-na khamro ayuu dalbaday. Ninkii Patrick ahaa waxa aan u sheegay in aan hayo farsamo ganacsi oo aannu labadayaduba ka faa'iidaysan karno. Aad ayuu uga helay fursaddan daaqadda uga soo gashay. Wuxuu yidhi, "diyaar baan u ahay, in aan kula shaqeeyo." Waxa aan dabadeedna u sheegay in fursaddaasi ka dhexjirto waddamadan deriska ah oo wax loo kala waarido. Waxaasne ugu daray, in socod badan ay u baahan tahay, iyo in maalinba meeshii wax looga baahdo la aado. Dabadeedna waxaan usoo bandhigay, in uu wakiil (agent) ka noqdo waddankiisan uu degganyahay. Intaa markii aan usoo bandhigay, isna uu la dhacay soojeedintaydii, ayaan caqabad taagan oo xal u baahan la wadaagay.

Waxa aan Patrick u sheegay, in baasaboorka aan wataa uu ciyoon dhacayo, sidaa daraaddeed aan u baahanahay, baasaboor lagu dhaqdhaqaaqo. Markaas ayuu yara fekeray oo cirka eegay, intii aannu ii jawaabin ayaan ugu daray, "waddankiinna waxa aan maqlay, in ay sahlan tahay, in laga helo baasaboor." Markaas ayuu yidhi, "waa runtaa ma adka, laakiin, waa in la hubiyaa, in aad tahay qof waddanka u dhashay." Muddo markii aannu sheekadii wadney, ayaan ku idhi, "ka warran haddii aan reerkiinna nin ka mid ah noqdo, oo aad magaca qoyskiinna iigu soo saartid baasaboor, kharashkana aan anigu bixiyo." Markaas ayuu yidhi, "that sounds good" oo ah arrintaasi waa arrin la qaadan karo. Ninkii Patrick ahaa waxa aannuu habeenkii kala hoyanney, annaga oo isla garannay, in uu baasaboor ii soo saaro, lacag 150 doollar ahna aan siiyo. Waxa kale oo aannu ku ballanay in uu badeecaddii aan wadey ee ahayd alaabta isqurxinta loo isticmaalo uu suuq u raadiyo, berrito 11ka subaxnimona aannu ku kulanno bakhaarkii dawada ilakaha aannu ka faasaxnay.

Aniga oo warqaddii codsiga baasaboorka wata ayaan bakhaarkii imid subixii danbe. Waqtigii ballantu ahayd wuu ka soo dibdhacay Patrick. Xalay buu dhaanteeyey. 12kii duhurnimo iyo dheeraad ayuu yimid. Markiiba meel laga qaxweeyo ayaan geeyey, warqaddii codsigana waan u dhiibay. "Xaggee ka keentay warqadaha", ayuu iweydiiyey. Markaas ayaan u sheegay, markii iga soo daahay saaka, in aan xafiiska socdaalka tegey oo aan safka galay, sidaasna aan ku soo qaatay. Uma aanan sheegin jabkii shalay igu dhacay iyo in aan waraaqaha shalay soo qaatay toonna.

Footo sawirrada laga galo ayaannu tagnay. Patrick warqadihii codsiga iyo labo sawir ayuu qaatay, wuxuuna igu yidhi, "waa inoo berrito subax marka saacaddu tahay 10:30 ka." Sidii ayaannu ku kala ambobaxnay, lacag 20 doollar ahna waan siiyey. Maalintii xigtay isaga oo hawshii codsiga soo dhammeeyey ayaannu isu nimid, dabadeedna lacagtii dawladda (passport fee), ayaan u dhiibay. Muddo yar dabadeedna wuxuu igu soo noqday isaga oo rasiidhkii uu ku soo xereeyey wata. Rasiidhkii ayaan sawir ka qaatay, kii rasmiga ahaana isaga ayaan ku dhaafay.

Badeecaddii aan watey ayuu suuqa u galay, muddo ilaa shan maalmood ahna waannu kaga faroxalannay. Maalintii xigtayna waxa aan u ambobaxay Harare. Saddex toddobaad kabacdi ayaan soo noqday. Hadyad fiican iyo kabo uu iiga dirsaday Harare ayaan u keenay. Toddoba maalmood ka bacdina baasaboorkii oo diyaar ah ayuu faraha iga saaray, inkasta oo uu 50 doollar oo dheeraad ah isaartay.

Talo nagu caddaatay haddana. Xaggee uga dhaqaaqnaa halkan aannu taagannahay. Go'aan degdeg ah ayaan gaadhay. Saxarla ayaan si kedis ah ugu idhi, "waa in aynu nimankaa booliska ah ka daba tagno." Iyada oo ila yaabban ayay tidhi, "ma kuwii Ilaahay ina dhaafiyey!" Weli waxa noo sii muuqda oo bidhaantoodii aanay naga libdhin, labadii nin ee booliska ahaa. Halkaa hortooda ku beegan, oo ah meel aan nagaba fogeyn, ayaa waxa iiga muuqday calaamadda Saldhig boolis. Markaas ayaan ogaaday in ay nimanku saldhigaas ku socdaan. Saxarla aniga oo u jawaabaya ayaan idhi, "haa, nimankii ina dhaafay ayaynu ka daba tegeynaa, waa meesha ugu sahlan ee ii muuqata oo aynu ammaan ka helayno." Waxa kale oo aan intaa u raaciyey, in aannaan waqti badan haysan, oo aannu arrintaas degdeg ugu tallaabsanno.

"Saxarlaay, xalku waa in aynu saldhiggaas tagno, oo booliska laftiisa adeegsanno," ayaan idhi. "Hawraarsan iyo guddoon wacan" ayay iyana tidhi. Saxarli waa qof geesiyad ah, oo aan ahayn dadka baqdinta iyo shakiga badan ee isku dhexyaaca marka arrimuhu murgaan. Waxa kale oo ay ku fiican tahay, waa qof aad u maskax furan, oo xaaladaha degdegga isu beddela markiiba fahmi karta in xeelad cusub oo laga bixi karo loo baahan yahay.

Halkii ayaannu ka dhaqaaqnay. Saldhiggii booliska ayaannu daf nidhi. Markii aannu gudaha galnay, dhankaa bidixda oo naga horreysa, dad ayaa dhulka fadhfadhiya. Rag iyo dumarba way lahaayeen. Ma dad sidayada miciin soo biday baa, mise waa dad boolisku soo qabqabtay. Ma garanyo waxa ay ahaayeen dadkaasi. Halkaa horytayada ah oo toos noogu beegan waxa yaalley miis (help desk). Laba nin oo boolis ah ayaa miiskaa dhanka danbe ka fadhiyey. Waxa kale oo isla dhankayaga midigta meel naga yara durugsan taagnaa labadii nin ee booliska ahaa ee na soo dhaafay.

Markii aannu gudaha soo galnayba waxa aannu salaannay nimankii miiska gadaashiisa fadhiyey. Mid ka mid ah ayaa nagu yidhi, "maxaan idiin qabtaa (how can I help you)." Kolkaas ayaan u sheegay in aannu safar ahayn, waqtigan danbena aannu ku soo beegannay. Magaaladana Johannesburg-na aannan kala aqoon, cabsiyina nagu yara jirto. Intaas waxa aan ugu ladhay, in aannu booliska ugu nimid in ay na caawiyaan oo na geeyaan hotel la seexdo. "Maxaad ahaydeen, xaggeese ka timaaddeen?" ayuu na su'aalay. Markaas ayaan baasaboorkaygii oo tigidhkii safarkuna ku jiro inta iska soo hor mariyey usheegay in aanu Zimbabwe ka nimid. Baasaboorkii ayuu inta iga qaaday fiiriyey, oo markiiba dib iigu soo celiyey.

Labadii nin ee booliska ahaa, ee astaanka basaska nagu soo weydaaran jirey, oo midigtayada taagan, ayuu ninkii ku yidhi, "fadlan qoladan caawiya oo meel ay degaan geeya." Dabadeedna ninkii iska-dhalka ahaa ayaa yidhi, "ina keena." Markii aannu saldhigga dibedda uga soo baxnay, ayuu na weydiiyey, "hotelladu way kala qiimo badan yihiine, hotel noocee ah ayaad rabtaan." Waan isyara xariifiyey, oo waxaan is-idhi yaan lagaa garan, "hotel 4-Star ah na gee," ayaan ku idhi. "Tagsi ayaynu u baahannahay," ayuu yidhi. "Dhib ma leh," ayaan ku idhi.

In yar haddii aanu saldhiggii ka soconayba, tagsi xiimaya ayuu u gacan haadiyey. Markii uu istaagayna, saddexdayadiiba waannu galnay. Muddo yar dabadeedna, hotel ayuu ku hor qabtay bireegga. Ninkii booliska ahaa, ayaa qoladii hotelka ku yidhi, "marti ayaan idiin wadaaye dhaqaaleeya." "Soo dhowaada" ayay na yidhaahdeen. Qol isku qoofalan (Suite Room) oo dabaqa lixaad ah ayay noo asteeyeen. Shandadihiina, nin ayaa noo qaaday oo qolkii noo geeyey. Tagsigii ayaan markaas lacagtiisii siiyey. Ninkii booliska ahaana tagsigii ayuu la noqday, oo markii horeba, qorshaha ayaa ahaa in tagsigu ninkan Saldhigga booliska dib ugu soo celiyo.

Qolka nala dejiyey, waaba qol aad ku indho-daraandaraysid. Sariirta taallaa waa tu aad u ballaadhan (King-size Bed). Turraaxadaha ku goglan waad ashqaaraaraysaa. Derbiga qolka sida loo sharraxay waaba lagu faroyaraysatay. Kabadhada iyo khaanadaha sariirta geesaha kaga dheggan, midabkooda dahab dhab ah ayaad u malaynaysaa. Musqulaha kala go'an, ee rushaashadaha iyo berkedda lagu qubaysto leh (bathroom), qasabadaha dhalaalaya, iyo muraayadaha dhan walba kaa soo eegaya ee ku cawaraya, waaban ku yara wareeray. Waxa maskaxdayda ku soo dhacday, "qolkan waad ku soo degdegteene caawa habeenkeedii ma aha!" Waxaan maqli jirey "baadiyi, nimaan lahayn bay ag joogtaa!"

Qolku, qol laguma tilmaami karee, waaba guri dhan. Xitaa makiinad bunka lagu samaysto ayuu leeyahay. Dhankan bidix ayaan jalleecay, markaas ayaan arkay kursi ballaadhan oo kuwa lagu fadhiisto ah (Sofa). Markaas ayaan su'aal igu taagnayd jawaab u helay. Cunto uma baahnin, waxa keliya ee aannu tebeynaa habeenkaas waa hurdo. Meeshan meel ka fiican oo la seexan lahaana ma jirto. Saxarla sariirtii ayay ku fadhiisatay. Aalada telefishanka lagu hago (remote) oo miiska saarnaa inta tiigsatay ayay telefishan qolka yaalley shidday. Anigu telefishanka iyo hagaha midna ma aan arkayn, meel ay qolka ka yaalleen. Dumarkuse ragga ka fiiro dheer. Illeyn gidaarkuu ku xabaallaa telefishanku.

Quraarado biyo ah, oo qaboow, oo talaagadda ku jirey ayaannu tiigsannay. Si kal iyo laab ahna waannu u qudhqudhinnay. Biyuhu waa shay cajiib ah, oo qofka dareenkiisa dejiya. In yar dabadeed, xamaamkii qubeyska oo aad mooddid in uu na sugayey oo na daahsadayba, ayaa midkaayoba markiisa galay. Biyo ayaannu isku shubnay, si aanu daalkii iyo diiftii isaga reebno. Salaado dhawr ah, oo qaar nagu baaqday, iyo qaar aannu Eebbe weynye ugu mahadnaqayno (salaatu-shukri) isugu jira ayaannu tukannay. Saxarla sariirtii ayay dhacday, anna kursigii fadhiga ee ballaadhnaa. Intii aannaan dhabankaba barkinta saarin ayaannu gataati-dhacnay.

Anigu nin soo jabi jirey ayaan ahaye, toddobadii subaxnimona waan soo jeeday. Qoftan Saxarla ah, malaha waanan ogeyne, hurdoba waxaa ugu danbeysey saddex habeen ka hor, iyo gurigii reer Yaasiin ee Harare. Habeenkii koowaad ee aannu Harare ka soo baxnay safar ayaannu ahayn. Habeenkii xigey ee aannu Beitbridge joogneyna, indhoba ismay gelin oo welwel iyo cabsi iyo feker adduun ayay ku jirtey. Caawa ayaa habeenkii saddexaad u ah. Sariirta iyo qolka laftiisu meel si fiican loogu nasto ayay ahaayeen.

Intii Saxarla hurudday, ayaan aniga oo sanqadh-tiranaya bannaanka u baxay. Jaraa'idkii maalintaa soo baxay ayaan soo iibsaday. Qolka markii aan ku soo noqdayna, iyada oo aan idareemin ayaan fadhigii iska fadhiistay. Koob bun ah ayaan samaystay. Koobkii labaad iyo rootigii yaryaraa (scones) ee aan wateyna waan isla beegsaday. Halkaas safraddii ayaan iskaga jebiyey.
Jaraa'idkii aan watey ayaan la soo kala baxay. Markii aan muddo warqaddii akhrisanayey, ayaan haddana jalleecay Saxarla, mise weli hurdadii adduunka ayay ku jirtaa. Markaas ayaa maskaxdayda waxaa ku soo dhacday hees uu qaadi jirey AHN Maxammed Mooge oo tidhaahda;

"...Dar Allaad u hurudaa
Waxba dunida kama ogid,
Dugsigaanad nicinoo
Dibindaabyadaadiyo
Col ku doonayaan jirin
Dila baan la odhanoo
Duubcas aan naxayn iyo
Daraawiishi kuma helin..."

Shandadaydii oo aan iga fogayn ayaan tiigsaday. Waxa aan kala soo baxay naastaro yar (Walkman cassette player). Dhallinyaradiinnan danbe ma aydaan soo gaadhine, waa aalad yar oo cajladaha lagu dhegeysan jirey. Cajladdii Maxammed Mooge (AHN) ayaan ku tuuray oo inta badhanka "FF" taabtay ku aaddiyey heestii aan rabey. Dabadeedna inta xadhigii dhegaha la gashan jirey ku xidhiidhiyey (earphone) naastarihii, si aan dhawaqa heesta Saxarla ugu toosin, aan heestii daartay.

Aniga oo aanay iga qasnayn, oo heestii iskaga murqaansan, khadad kale oo ganacsi iyo dhoof isugu jirana iska dejisanaya, dhanka kalena, aan ka welwelsanahay in saacaddu nagu gaadho 12ka maalinnimo, oo ah waqtiga lacagta habeenka soo socda nalagu dallacayo haddii aanan inta ka horreysa hotelka ka guurin, ayaan sanqadh yar dareemay. Mise waa Saxarla oo hurdo bogatay oo sariirtii ka soo degeysa. Markaas ayaan inta salaamay, kula kaftamay, "Alla maxaa hurdo ku haysey!" "Qalle badan ayaa la igu lahaa" Saxarla oo ilko caddaynaysa.

"Walaal saacaddu waa immisadii" Saxarla oo rabta inay waqtiga ogaato. "Waa tobankii".

"Adigu ma mar hore ayaad toostay?"

"Haa, toddobadii iyo badhkii ayaan toosay."

"Oo walaal, haddii aad iga hor kacday maxaad ii toosin weydey?"

"Hurdada aad ku jirtey mid la iska toosin karo ma ahayn, waxaan is-idhi inta ay ka hurdo boganayso faraha ka qaad." Dhanka xamaamka ayay aadday intii ay ku maqnayd ayaan anna koob bun ah u sii diyaariyey.

Bunkii markii ay cabtay, oo caajiskii ka kacay, ayay dariishada jalleecday, mise dhismihii dheraa ee sida mooyaha u ekaa, ee ay telefishanka ka arki jirtey, "Ponte City Building" ayaa wajahaddeeda oo dhanka bidixda u badan kaga beegan. Daartaas waqtiyadaas dadku badi waxay u yaqaanneen "Cocacola House/building." Daartani waxa ay ahayd tan markaas qaaradda Afrika ugu dheerayd. Waxa ka sokeeya oo ay indhaha iyana ku dhufatay, daaro farobadan oo isu eg, oo sidii xaafaddii African Village ee Xamar qaabkeeda oo kale u dhisan. Waa xaafadda loo yaqaan Hillbrow. Dhanka midigta waxa ay ka halacsatay dhismihii hore ee Johannesburg Stock Exchange (JSE), oo markaas Johannsburg ku dhex yaalley, hotelka aannu deggannahayna ka xigey dhanka xaafadda la yidhaahdo New Town. Markaas ka bacdi, ayay dhab u rumaysatay in ay si nabad ah ku soo gaadhay Johannesaburg!

Quraac ayaannu hoos ugu daadegnay. Rooti ismaris ah, iyo koob liin ah ayaannu beerka iska saarnay. Kolkaas ayaan la wadaagay Saxarla, in loo baahan yahay in aannu degdeg uga guurno hotelkan, inta aan saacaddu nagu gaadhin 12ka duhurnimo. Qoladii hotelka ayaan ka codsaday inay tagsi noogu yeedhaan. Annaguna kor ayaannu soo aadnay. Isla dhawr daqiiqoba, gambaleelka ayaa yeedhay. "Your taxi has arrived," Tagsigiinnii waa yimid.

Shandadahayagii ayaannu soo walwaalanay, lacagtii hurdada oo nalagu lahaana degdeg ayaannu isaga bixinnay. Hotelkiina sidaas ayaannu isku nabadgelyeyney. Tagsigii oo noo taagan ayaannuna u baxnay. Waxa aan u tilmaamay in uu xaafadda Mayfair la yidhaahdo na geeyo. Mayfair, waa xaafadda Hindida iyo Muslimiinta kale ay ka degganaayeen Johannesburg. Waana meesha Soomaalidu deggan tahay oo ku urursan tahay. Dalka Koonfur Afrika dadka deggani iskuma dhex jirin. Qolo-qolo ayaa loo kala degganaa. Waxaana kala deggnaantaas sal u ahaa nidaamkii midabtakoorka (aparthied), oo aan oggolayn in la isdhexgalo.

Guri aan ku ogaa rag Soomaali ah, oo aan ka fogayn waddada Central Laan (Central Avenue) la yidhaahdo ayaan soo tilmaansaday. Gurigii aan rabey ayaannu soo gaadhnay. Raggii degganaa badankoodu waa la kala qudhaab tegey. Laban nin oo keliya ayaan ugu imid

Ragga gurigaas deggan, ama ku kulmaa, waa rag nolosha la xarbiya, oo siyaalo kala duwan naftooda u debbera. Qaar waa muruq-maal oo dukaamo iyo wershado ayay ka shaqeeyaan. Rag jidadka iyo suuqyada ayay miisas dhigtaan oo wax ku iibiyaaan (street vendors). Kuwo kale, badeecado fudud ayay tuurta ku qaataan, oo dariiqyada iyaga oo lugaynaya ku iibiyaan (hawker). Waxa kale oo gurigaas iyo kuwa la nooca ah seexda, martida, iyo dadka socotada ah ee habqanka ah, oo maalin walba iyaga oo raabo-raabo ah iska soo dabadhaca.

Haddii aad maqli jirtey "gacal isma cidhiidhyo," iyada oo dhab ah oo ficil ah ayaad halkan oo kale ku arkaysaa. Waxyaalaha aan gurigaas ku xusuusto waxaa ka mid ah; dhulka ayaa waxaa yaalla khadiifado, furaashyo xaleefyo ah, iyo kabab roogag ah. Wallee meel bannaan ishaadu qaban mayso. Marka xilliga hurdada la gaadho, dheegga ayaa la isku qabtaa. Mararka aan ka soo duldhaco, waxa aan seexan jirey qol ka mid ah qolalka, geesta albaabka ugu xigta. Halkaas yar ee aan astaystay waxa aan ula baxay "SOMALILAND!"

Marka la iweydiiyeyo, sababta aan magacan ugula baxay halkaa yar ee aan seexdo, waxa aan ugu jawaabi jirey "citiraaf raadis ayaan ahaye, intaa yar keliya ii ogolaada." Rag aad u wanaagsan ayay dhammaantood ahaayen, raggii gurigaas degganaa. Mar Alla iyo markii aan ka soo duldhaco, ayaa la is-ogeysiin jirey oo la odhan jirey "Somaliland caawa yaan lagu khaldamin." Ictiraafkiiba si sahlan ayay ii siiyeen! Gob gobi dhashay.

Kirada gurigan, iyo guryaha la midka ah ee Soomaalidu ku urursan tahay, marba inta shaqaysa ama wax soo galaan ayaa bixisa. Cuntaduna waa sidaas oo kale. Marka cuntada la kariyo, intii markaa joogta, ama socotada ah ee ka soo dul-dhacda ayaa gacanta saarta. Qofkii ka soo daaha xilliga cuntada, haddii wax loo dhigi karona waa loo dhigaa. Haddiise martiyi timaaddo inta joogta ayaa calfata. Intii soo daahdayna, mar kale ayaa dheriga dabka loo tuuraa. Hufnaanta, gobannimada, xariirnimada, iyo dun-wanaagga Soomaali haddii aad doonaysid in aad ogaatid, meelahaas oo kale ayaa laga cabbiran karaa.

Gurigii markii aannu soo gaadhnay aniga iyo Saxarla, oo aannu raggii ammintaa joogey isa salaannay, ayaan ku idhi, "waryaadhaheen, nacallaa idinkuma yaallee gabadhan meel haween joogo oo aan geeyo ha la ila raadiyo." Rag wada xilkas ah ayay ahaayeen, markiiba guri aan naga fogeyn ayaa la go'aansaday in Saxarla la geeyo. "Keen shandada walaal," ayaa Axmed yidhi. Kolkaas ayuu na horgalay. Sidii uu noo sii wadey, ayuu na geeyey guri weyn oo Soomaali badani deggan yihiin. Qayb gabdho degganaayeen inta uu shandaddii la dhigay, ayuu gabdhihii yidhi, "gabadhani waa marti cusube ha la soo dhaweeyo". Gabdhihii "walaal soo fadhiista" ayay na yidhaahdeen. Isla markiiba cabitaan ayay gabadh, gabdhihii ka mid ahi noo raadisay.

Muddo kooban, iyo isbarasho kalgacal ku dheehan yahay dabadeed, waxaay gabdhihii Axmed ku yidhahdeen, "walaal qoladan safarka ah annaga ayaa qado u samaynayna ee haddaad noo keenteen waad mahadsan tihiin." Kolkaas ayaan aniga oo gabdhihii u jawaabaya ku idhi, "walaal hadda waxba ha is dhibina, magaalada hadda iiguma horreyso aniga, makhaayaddii Hindida ee dhinacan Fordsburg inaga xigtey ayaan tegeynaa. Telefoonnona waannu u baahannahay in aannu soo dirsanno, oo dadkii aannu ka nimid u sheegno in aannu Jo'burg nabad tagnay."

In kasta oo ay gabdhuhu jeclaysteen, in ay qadada noo sameeyaan, haddana, markii aan arrinta telefoonka sheegay ayay naga ogolaadeen, in aannu baxno.

Makhaayaddii ayaannu nimid. Qado biryaani iyo "chicken tikka masala" ayaannu ka dalbannay, (waa bariis surbiyaani ah iyo digaag la habeeyey). Saxrala ayaa dabadeedna markii ugu horreysey in muddo ah, iyada oo aan welwel iyo cabsi toonna qabin, hooyadeed oo Addis Ababa joogta la hadashay. Markii ay Saxarli hooyadeed u xogwarrantay, ayay telefoonkii aniga igu soo wareejisay. Xaajiyaddu way ii mahadcelisay waanay ii duceysey.

Intaa dabadeedna, waxa ay Saxarli telefoonka ugu dhufatay, dhinacaa iyo Hararare, iyo ninkii Charles ahaa, ee damaanadda ugu qornaa. Charles way u mahadcelisay, waxa kale oo ay u sheegtay inay Jo'burg joogto, dhaqsona Soomaaliya ugu bixi doonto. Wuxuu Saxarla su'aalay "haddii aad baxayseen, maalintii dhoweyd maxaad iigu sheegi weydeen?" Charles dhawr maalmood ka hor intii aannaan Harare ka soo bixin ayaannu mar xafiiskiisa oo ku yaalley jidka la yidhaahdo First Street ugu tagnay. Maalintaa waannu wada qaxwaynay. Saxarli waxay ku tidhi "safarku degdeg ayuu noogu dhashay markaa raalli ahoow." "Good luck," hortaa bannaan, ayuu Chralesna yidhi. Illeyn wax kale oo uu qaban karaa ma jirtee.

Galabnimadii, ayaannu dib ugu soo noqonnay xaafaddii Soomaalida. Saxarla ayaan gurigii gabdhaha geeyey. Aniguna guriggii raggu degganaa ayaan ku soo noqday. Habeenkaas rugtaydii aan magaca ula baxay ayaan dhacay. Hawsha ugu horreysa ee noo taalla, waa in Saxarla ay heshaa sharci ay dalka Koonfur Afrika ku joogto.

Maalintii koowaad, Saxarla ayaan magaalada hoose u kaxeeyey gelinkii hore. Gelinkii danbena, gurigii ay degganayd ayaannu ku daawannay ciyaarihii kubadda ee dalka ka socday. Subaxnimadii xigtey, qiyaastii siddeedii iyo badhkii (08:30), "Saxarla ayaa bannaanka kuu taagan" ayaa la igu yidhi. Waan diyaar garoobay in yar dabadeedna waannu israacnay. Intii aannaan bixin, ayaan raggii guriga joogey weydiiyey meesha ugu dhow ee warqadda magangelyada laga dalban karo. Waxa la ii tilmaamay meel Johannesburg badhtankeeda ku taalla oo u dhow dhismaha jaamaccadda weyn ee University of the Witwatersrand.

Ilaahay amarkii, waaba meelihii aannu shalayto mareyney. Jaamacaddan lafteeda annaga oo dhinac marayna, ayay Saxarla isha ku dhufatay. Dabadeedna waxa ay ii soo jeedisay in aannu gudaha u galno oo bal soo indho-indhayno. Markii aannu gudaha u galnayba waxa ay biloowday in ay ka waraysato maadooyinka ay bixiyaan, iyo shuruudaha looga baahan yahay ardayda ay qaataan. Saxrla, tacliinta qof jecel ayay ahayd oo mar walba waxa ay ka hadli jirtey, sida ay u rabto inay tacliinta korodhsato.

Intii aannan jawaabba bixin, ayaa ninkii na tilmaamayey, yidhi "in yar haddii aad isugi kartaan, anaa idin kaxaynaya, oo meesha idin soo tusaya." Markaas ayaan ku idhi, "waad mahadsan tahay, jaamacaddaas, shalay ayaannu aragnay, oo si fiican ayaannu u garanaynnaa halka ay ku taallo. Ka habaabi mayno." Meeshii na loo tilmaamay markii aannu gaadhnay, waxa aannu ugu tagnay saf aad u dheer oo cidhiidh badan, oo ay adagtahay in natiijo laga gaadho. Muddo saacad ku dhow markii aannu cidhiidh iyo isriixriix ku jirney oo aannu ku diiqadoonnay, ayaannu go'aansannay in aannu iskaga baxno safkan oo xal kale raadsanno. Iska soo guryo noqonnay maalintaas, annaga oo faro madhan.

6

Pretoria

Soomaalidii Johannesburg nooga soo horreysey, ayaannu waraysannay, marka laga reebo Johannesburg, meesha labaad ee noogu dhow ee waraaqahan magangelyada loo raadsan karo. Waxa naloo tilmaamay magaalada Pretoria in warqadahaas laga qaato, tan aannu joognona ay ka dhib yar tahay oo si sahlan looga heli karo. Pretoria iyo Johannesburg qiyaastii waxay isu jiraan 50-60km. Dabadeed waxaannu go'aansannay in aannu Pretoria maalinta xigta u ambabaxno.

Subixii xigey, aniga iyo Saxarla waxa aannu u kooraysannay dhankaa iyo Pretoria. Jidka iyo hareerihiisu, waa dhul aad u qurux badan, oo aad yaabaysid degaannada labada dhinac kaaga muuqda quruxdooda dabiiciga ah, ee ilaahay siiyey. Waa buuro yaryar oo gaagaaban, ama kuro, iyo bannaano cagaaran oo kala sarsarreeya. Markii aannu sii geleyney Pretoria, ayaa waxaa dhankaa bidixda naga qabtay Jaamaccada muuqa dheer ee University of Pretoria. Agagaarka jaamacadda markii aannu marayney, waxa ishayadu qabatay, ardaydii oo qaar bannaanka ku nasanaya, qaar sii socda, iyo kuwo ka soo rogmadayba, isugu jira oo raabo-raabo u socda.

Saxarla, ayaa igu tidhi, "jeclaan lahaayaa, waddankeennii oo nabad ah, oo Lafoole sida halkan oo kale u qurux badan tahay innaguna sida ardaydaas oo kale u mushmushaaxayno."

"Ilaahay ha noo kaso niyaddaadaas wanaagsan," ayaan aniga oo yara qiiraysan ugu jawaabay. Magaaladii markii aannu gaadhneyba, si aannu u helno meeshii aannu u soconnay, waxa aannu qaadannay tagsi. Pretoria ma aha magaalo weyn sida Johannesburg. Tagsigii markiiba meeshi aannu rabney ayuu na keenay.

Xafiiskii Hay'adda Socdaalka iyo Jinsiyadaha ayaannu toos u abbaarnay. Markii aannu muraadkayagii u sheeganayna, waxa ay noo tilmaameen, xafiis ku yaalla meel magaalada gees uga yara baxsan oo la yidhaahdo Marabastad. Halkii ayaannu haddana tagsi kale u qaadannay. Xafiiskii naloo tilmaamay ayaanu hortiisa kaga degnay. Nin caddaana oo aad u hilboon, oo joofka uu iska kicinayo aad jaahiisa ka didayso, ayaannu xafiiskii ugu galnay.

"Subax wanaagsan, Mudane" ayaan ku bilaabay. "Subax wanaagsan, maxaan idiin qabtaa," ayuu na yidhi, inta uu miiska saaray jariidad uu akhrisanayey. "Hadda ayaannu dalka soo galnay, magangelyo-doon ayaannu nahay."

"Kuraastaas ku fadhiisata," inta uu gacanta noogu tilmaamay, kuraas qolka taalley. Halkii na loo tilmaamay, ayaannu fadhiisannay.

Waraysi dheer ayuu nala dabagalay, si uu noo hubiyo waxa aannu nahay, isla markaana uu u qiimeyo in aannu u qalanno in magangelyo nala siiyo, iyo in kale. Sheeko taxan, oo ilaa Xamar sidii aannu uga soo baxnay, oo Kenya iyo Tanzania aannu u soo jibaaxnay, dabadeedna, doon aanu Tanzania kaga soo dhuumannay, aakhirkiina aannu Dekedda weyn ee Durban kaga degnay ayaan u dhiibay ninkii. Kolkaas ayuu si cadho leh iigu yidhi, "don't tell me shit," oo ah aniga khiyaali ha ii sheegin. Anna markaas ayaan ku idhi "I am not telling you shit; it is the truth about our journey to South Africa, Sir." Mudane, khiyaali kuu sheegi maayo, waxa aan kuu sheegayaa waa xaqiiqda, safarkayagii Xamar ilaa Koonfur Afrika.

Dhawr su'aalood oo kulkulul ayuu haddana igu celiyey. Dhammaantood si sahlan ayaan uga baxay. Saxarla inay afka Ingiriisida iga badiso mooyee igama yarayso, laakiin, waxa aannu ku ballanay, in ay iska dhigto qof aan kelmed Ingiriisi ah aqoon. Sababtuna waxa weeye khiyaamooyinka iyo tabaha magangelyada waxba kama taqaanno markaas, oo waa markii ugu horreyseyba. Aniguse meelo kala geddisan oo Afrika ah ayaan magangelyo hore uga soo dalbaday. Waxa intaas ii dheeraa, in aan dadka soogalootiga ah, ee Soomaalida ah, meelaha qaarkood aan turjumaan u ahaan jirey.

Ninkii markii uu wax uu igu qabto waayey, ayuu igu yidhi, "haddii aad Durban ka soo degteen oo ay run tahay, maxaad Durban isaga dhiibi weydeen?" Kolkaas ayaan ku idhi, "Pretoria miyaanay ahayn caasimadda Koonfur Afrika?" "So what?" ayuu yidhi oo la mid ah, oo hadday tahayna. Markaas ayaan aniga oo isyeelyeelaya, ku idhi, "mar haddii Pretoria ay tahay caasimaddii, annagu waxaannu aamminsanayn in caasimadda keliya xafiiska socdaalka iyo jinsiyadaha ee dadka lagu qaabilaa ku yaallo, oo dalkayaga ayaa noocaas ahaa."

Intaasi markii ay ninkii na kala gaadhay, wuu isdejiyey. Laga yaabee in uu isyidhi, war qoladani waaba qolo masaakiin ah oo daacad ah! Cod midkii uu markii hore nagula hadlayey ka yara debecsan, oo aad mooddo, in uu noo yara damqanayo, ayuu yidhi, "malaha in aad Pretoria iska dhiibtaan waxaa idiin ka habboonaan lahayd in aad

Johannesburg tagtaan." Markaas ayaan ku idhi "ma waxaad u jeeddaa, dadka madoow ayaa ku badan dhanka Johannesburg? "Haa," ayuu yidhi, "sidaas ayaan u jeedaa," isaga oo u eg nin ku farxay, in sidii uu hadalka ula jeeday aan ula fahmay. Markaas ayaan ku idhi, "oo yaa madoow ah markaas?" Isaga oo yaabban, oo qosol isku celinaya ayuu yidhi, "oo miyaydaan idinku madoow ahayn?" Aniga oo isyara booxbooxaya ayaan ku idhi, "annaga Soomaali baa nala yidhaahdaa."

Ninkii odayga ahaa markaannu halkaa isla marayno, ayuu gabadh dadka madoow ee Koonfur Afrika ah, oo miis ku dhow fadhiday ku yidhi, "qoladan foomka ka buuxi oo sawir iyo faro ka qaad, hawshoodana u dhammee." Gabadhiina, sidii ayay yeeshay. Waxayna na ballamisay berrito subax inaanu usoo noqonno warqadahayaga. Habeenkaas, Johannesburg kuma aannaan noqone, waxa aannu aadnay magaalo yar oo Pretoria ku dhow oo la yidhahdo Laudium. Waa magaalo ay deggan yihiin Hindidu (Indian Township). Waxa aannu ugu tagnay, qolo Soomaali ah, oo aannu horeba u ogeyn in ay halkaas deggan yihiin. Masaajidkii magaalada ayaannu abbaarnay markii horeba, dabadeedna masaajidka ayaa nalooga sii tilmaamay guriga Soomaalida. Dadka socotada ah ee Afrika isaga gooshaya, waxa aan kula talin lahaa in ay masaajiddada abbaaraan, haddii ay soo galaan magaalo ay qariib ku yihiin, cid caawisana ay u baahan yihiin. Weliba waxa aan kula sii talin lahaa, in ay iimaamka masaajidka toos u sii abbaaraan. Waqtiga salaadda laga baxo, ee uu weli memberkiisa fadhiyo ayaa ugu fiican. Iimaamkii, oo masaajidkii dhex fadhiya, oo salaad tujiyey dad Muslimiin ah, aniga qiyaastayda, waa marxaladda qofku ugu Alle ka cabsi badan yahay. Haddii aad intaa isla heshaan, waxa la arkaa in aad la kulantaan, caawimaad hagrasho la'aan ah.

Habeenkaas, waxa bilatay bishii barakaysnayd ee Ramadaan ee 1996. Qoladii Soomaaliyeed, ayaannu habeenkaas la barinay. Subixiina, xafiiskii ayaannu dib ugu soo noqonnay oo waraaqihii magangelyada ka qaadannay.

Muddadii aan safarka kooban ee Harare ilaa Johanndsburg aan ku jirney, iyo maalmihii koobnaa ee aannu Koonfur Afrika joogney hawsha keliya ee aan xoogga saarayney waxa ay ahayd, sidii aan Saxarla arrimaheeda xal ugu heli lahayn.

Aan dib u jalleeco, waxyaalahii Eebbe noo sahlay, in ay noo qabsoomaan muddadaas kooban.

1) Cabsidii Zimbabwe ee Saxarla la deriska ahayd, taas oo ahayd, goorma ayaa hay'adaha sharcigu kuu yeedhi doonaan oo maxkamad lagu soo taagayaa waa dhammaatay, oo Zimbabwe waannu soo weydaarannay.

2) Cabsidii ahayd xuduudka ma ka gudbi doontaan, mise waa la idinku qaban doonaa, iyana waa la soo dhaafay oo Johannesburg ayaa nabad lagu soo gaadhay.

3) Waraaqihii sharciga ku-meelgaadhka ah ahaa, ee xaqa u siinayey in waddanka la joogi karo, laga shaqaysan karo, waxna laga baran karo, iyana gacanta ayay Saxarli ku haysataa. Ilaahay ayaa fadligaas iska leh.

Markii aan intaa hubsaday, bishii Ramadaanna ay marayso qiyaastii shan ilaa lix maalmood, Saxarlana ay marti-baxday, oo dadkii iyo dalkiiba wax ka baratay, ayaan ku wargeliyey, in aan Zimbabwe oo hawlo qabyo igaga ahaayeen, aan rabo in aan ku noqdo.

Muddadii aannu Johannesburg joognay, intaa waxa aan ku jirey daraasad iyo wax qiimayn. Waxa aan waraysanayey, noocyada ganacsiyada Soomaalidu meesha ku haystaan, faa'iidada laga heli karo, khataraha ku gedaaman, waxyaalaha ugu suuqa roon, iyo meelaha iyo degaannada ugu habboon ee wax laga bilaabi karo. Sidoo kale, waxa aan qiimaynayey qaddarka lacagta ah ee wax lagu bilaabi karo iwm. Xisaab aan dhammaanayn ayaan intaa ka shaqaynayey, oo marba isku duwayey.

Waxa kale oo aan intaa ka fekerayey, ganacsiga Koonfur Afrika, ee khataraha badan, malaha waxaa kaaga roon, in aad qurbaha iska aaddid oo aad nolol cusub biloowdo. Hammigii waxbarashaduna, wuu igu jirayoo, waxaa aan isku qancin jirey, qurbaha haddaad tagtid fursad waxbarasho ayaad ka heli doontaa. Haddana, waxa aan idhaahdaa maya, halkan ayaa faa'iido degdeg ah laga samayn karaaye, faroqabsi fiican oo aad wax ku biloowdana waad haysataaye, Yurub iyo xammaalka laga sheegayo halkan ayaa ka mustaqbal roon, oo degdeg wax looga samayn karaaye dhaqso halkan uga hawlgal.

Maya, maya, ayaan haddana isku canaantaa, "*wax badso wax beel bay dhashaaye*" inta aan xoogaaga aad hadda faraha ku haysataa kaa kala duulin, meeshan Afrika ah iskaga haajir.

Saxarla ayaa iweyddiisay, "oo walaal in aad Zimbabwe aadaysid oo aad hawlo ka soo qabsanaysid ii sheegtay, anna waan fahmayaayoo waa dalkaad degganayd oo aad safar aan qorshaysnayn markaagii horeba kaga soo ambobaxdaye, laakiinse, waxaan ku weyddiiyey, halkan ma ku soo noqonaysaa." "Haa, Insha Allah waan ku soo noqonayaa" ayaan si hubantiyi ku jirto ugu jawaabay.

"Waa khayr," ayay tidhi Saxarla, waxayna raacisay "Ilaahay hawlahaaga si fudud ha kuugu soo uririyo."

Markii aannu intaa isnidhi, ayaan uga warramay, waxa qorshahaygu yahay. Waxana aan hadalkayga ku bilaabay, "walaal haddii Alle idmo, berri, ama saadambe/sahandanbe, ayaan rabaa in aan baxo. Lacag bangiga Barclayska Zimbabwe ii taalla ayaan soo qaadanayaa. Hooyo, iyo carruurtiina waan soo macasalaamaynayaa. Sidoo kale, qoyskeennii reer Yaasiin ee ina wanaajiyeyna waan u soo mahadcelinayaa, oo soo macasalaamaynayaa. Intaa dabadeedna, waxaan rabaa in aan dhankan Koofur Afrika u soo wareego. Taladayduna waxa weeye, in aan halkan fursadaha ganacsi ee ka jira wax ka galo, ama in aan ka sii tacabbiro oo Maraykan iyo Yurub hadba kii suurto gal ah ka aado."

"Waa talo wanaagsan," ayay Saxarla si farxadi ka muuqato oo degdeg ah u tidhi.

Maalintii xigtay aniga iyo Saxarla waxa aannu isu raacnay dhanka magaalada hoose. Gaar ahaan, waxa aannu tagnay, dhinaca xaafadda New Town. Halkaas oo dukaammo Hindi Muslimiin ahi ku yaallaan. Saxarla ayaan ka codsaday, in ay dukaamada xinne/cillaan wanaagsan igala doorto. Kolkaas ayay iweydiisay, waxa aan xinnaha ku falayo. "Sheekh Siciid, wadaadkii Beitbridge in aan ka soo gudubno sababteeda lahaa, ayaa iga soo codsaday in aan soo noqodkayga xinne u keeno." "Alla walaal Sheekhaasi waa khayr qabe eh, aniguna mid gaar ah ayaan u iibinayaa," ayay tidhi iyada oo rabta in ay wadaadka u abaalguddo. Xinnihii ugu fiicnaa (sida ay isla garteen Saxarla iyo Hindigii macdaarka lahaa), ayaannu dabadeedna Sheekhii u doornay. Weliba qiyaas door ah, oo muddo uu isticmaali karo ayaannu u miisnay.

Guryahayagii aannu kala degganayn ayaanu habeenkaa nabadqab ugu kala hoyanney.

Subixii ayaan goor hore toosay, basaskii Beitbridge u socday ayaan gundhada jaray. Subaxaas, waxa ii baxeysey heesta uu qaado Cabdulqaadir Jubba ee ereyadeeda ay ka midka yihiin;

"Safar baan u baxayaa,
Sibiq baanu igu galay,
Sahalna waan u soo noqon..."

Casar gaaban, ayaannu Beirbridge soo gaadhnay. Markii aan ka soo dhammaaday laantiii socdaalka (immigration), isla markiiba, tagsi ayaan goobtii ka qaatay oo aan ku idhi, "Islamic church please" fadlan masaajidka igee. Sheekh Siciid, oo rugtiisii dad ku Qur'aan saaraya, ayaan irridka uga soo galay. Sheekhu markii uu i arkay, si farxad leh ayuu ii soo dhoweeyey. Wuu iisoo kacay, shaqadii uu hayeyna wuu hakiyey. Saxarla ayuu iga waraystay iyo xaalkeeda. Waxa aan u sheegay, in Ilaahay Johannesburg nabadgelyo nagu geeyey. Sheekha waan u mahadceliy kaalintiisii lama illaawaanka ahayd, ee uu ka geystey, maalintii aannu caawimadda uga baahnayn.

Mahadnaq dabadeed, waxa aan u raaciyey, Saxarla in ay soo salaamaysey, labadan xidhmo ee xinnaha ahna, ay mid iyadu u soo dhiibtey. Aad buu u farxay Sheekh Siciid, wuuna noo wada duceeyey, aniga iyo Saxarlaba. Intaa dabadeed, waxa aan ka codsaday, in aan degdegsanahay tagsigiina bannaanka ii taagan yahay, oo aan rabo baska lixda (1800hrs) Harare u baxaya in aan ka gaadho.

Halkii ayaan Sheekhii isku nabadgelyeynay. Sheekhu, intii aan la taagnaa wuxuu ii sheegay, in dhowaan dad Soomaaliyeed oo Koonfur Afrika u tahriibayey, ay soo mareen. Dadkaasna uu tabantaabiyey. Waan uga mahadceliyey caawimaadda uu dadka Soomaaliyeed ee jidaasha ah u fidiyay. "No need to thank me about this. Listen brother Saxardiid, Somalis are my people, I owe them a lot." "Looma baahna in aad ii mahadceliso, idhegeyso walaalkay Saxardiidoow, Soomaalidu waa dadkayga, abaal badan ayaan u hayaa," ayuu sheekhu iigu jawaabay. Wuxuuna igu yidhi, "waad fasaxan tahay, baskaaga ha ka habsaamine, nabadgelyo."

Tagsigii ayaan ku soo noqday aniga oo degdegsan, waxa aanna ku idhi, "Fadlan dhakhso, baska Harare u baxaya lixda iga gaadhsii." Nasiib wanaag, baskii oo kuraas yari ka bannaan yihiin ayaan la kulmay. In yar ka bacdina, baskii dhankii Harare ayuu u dhaqaaqay. Habeenkaas badankiisa guure ayaannu ahayn. Ilaahay wuu na nabadgeeyey Harare.

Subaxnimadii xigtay, xeradii qaxootiga ayaan soo gaadhay. Gurigii hooyo ayaan ku soo horreeyey. Hooyo, warkayga way haysey, in aannu Johannesburg nabadqab ku tagnay. Markii aan u tegeyna waan u sii faahfaahiyay Johannesburg iyo wixii aannu kala kulannay, aniga iyo Saxarla. Qaabiil Maxammed (Kuluc) oo wiilkeeda ah annana aanu habrowadaag nahay (walaalkay iga yar,) oo ka mid ah ciidankaygii Zimbabwe ka soo tacabbiray, ayaan lacag uu ii soo dhiibay hooyo ku wareejiyey.

Qaabiil muddo yar oo kooban oo afar ama ugu badnaan shan biloood ah ayuu markaas Koonfur Afrika joogaa. Isaga oo faro madhanna, markiisii hore wuu soo galay. Nin aad u firfircoon, oo fariid ah, ayuu ahaa. Muddo yar ayuu nolol cusub ku sameeyey, waqtigan uu lacagta iisoo dhiibayo waa ganacsade. Arrintani waxa ay ka marag kacaysaa, qar-adaygga Soomaalida, kartida ku jirta qofka Soomaaliga, iyo maskax-furnaantooda. Kumanaan Qaaabiil oo kale ah oo Soomaali ah ayaad meelwalba oo aad tegtid ku arkaysaa.

Qaabiil, intii aannu Harare joognay, ayaan iskuul af Ingiriisida lagu barto ku daray, si fiicanna wuu uga aflaxay. Taasina waxay u sahashay, in uu Koonfur Afrika si degdeg ula qabsado. Laakiin, xaqiiqadu waxa ay tahay, af Ingiriisi aan karti, dadnimo iyo dadaal lagu ladhini, meelna wax kama gooyso. Maashaa Allah, walaalkay Qaabiil waxa uu ka mid yahay, shakhsiyaadka aan ugu jeclahay ehelkayaga oo dhan. Waana nin meeshii uu tagoba horumar ka sameeya. Maanta, waa khabiir dhanka kumbiyuutarrada ah, wuxuuna u shaqeeyaa bangiyada iyo caymisyada dunida ugu caansan.

Subaxaaa, hooyo waxaan u soo bandhigay, qorshahayga, oo ah, in aan rabo in aan Koonfur Afrika u wareego. Waxaan la wadaagay, in aan ku talo jiro in aan ganacsi halkaa ka bilaabo, ama aan ka dhoofo. Hooyo taladaydii way soo dhoweysey, waxayna tidhi, "waa talo wanaagsane ha laba-labayn, anna waan kuu ducaynayaa, in Ilaahay talada toosan ku haleelsiiyo."

Maalintaa waan iska nastay. Maalintii xigtay waxaan u baxay in aan reer Yaasiin iyo Eeddo Khadiija Raage (AHN) soo salaamo. Eeddo Khadiija, intii aannu Johannesburg joognay telefoonka ayaan kula soo hadli jirey, oo warkayaga way haysaa. Maalintaas guryaha reer Yaasiin maan dhaafin.

Maalintii saddexaad, waxa aan aaday Barclays Bank laantiisa First Street ku taalla oo lacagi ii taalley.

Lacagtaasi muddo laba bilood ah ayay halkaasi ii taalley. Qorsheheedu wuxuu ahaa markeedii hore in aan tigidh Kanada ah ku goosto, dabadeedna aan halkaa Maraykan uga sii gudbo.

Ilaahay amarkii, intii aanan tigidhka goosan, ayaa sharci cusub Kanada ka soo baxay. Sharcigaasi wuxuu ahaa, dalal uu ku jiro dalka aan baasaboorkiisa watey, oo markii hore shuruud la'aan ku geli jirey Kanada, in lagu soo rogey, in aanay soo geli karin dal-ku-gal la'aan (visa). Malaha, ammuuro kale iyo amar Ilaah ayaa meesha ku jiraye, waxa la ii celinayeyba, Saxarla ayay ahayd!

Lacagtaas, walaalahay iyo waalidkay iyo qaraabadayda midkoodna kama helin. Waxa ii soo diray nin aannuu saaxiib nahay oo weliba muddo sannad badhkiis ka yar, markaas Maraykanka galay, isaga oo markiisii hore ka tegey Afrika. Ninkaasi waa ninka imminka siyaasiga noqday ee magiciisa la yidhaahdo Jaamac Xasan Khaliif.

Uma jeedo, in aanan ehelkay waxtar ka helin, wax badan ayaan ka helay, welina ka helaa. Umana jeedo, in anigu aanan ehelkay waxtarin, wax badan ayaan taray welina taraa. Umana jeedo, in aad ehelkiin goysaan, ama aydan magansan. Inta aad nooshihiin, ehelkiin xidhiidhiya oo wax tara, hana goynina. Waxa keliya ee aan Jaamac u soo qaatey, ujeedadayduna ahayd, in aad ogaataan saaxiibtinnimadu qiimaha ay leedahay. Iyo in aan saaxiibkay/walaalkay Jaamac-yare qalinka ku xuso, idinka iyo Jaamacna aan is kiin baro.

Dhallinyarada Soomaalida ah ee maanta joogta, ee da'dii markaas aanu jirney aniga iyo Jaamac ku jirta, ma laga heli karaa dad saaxiibtinnimadu sidaas oo kale ugu weyn tahay? Immisa ayaa garashadaas iyo waxquudhistaas oo kale leh? Waan hubaa in ay jiraan qaar idinka mid ah oo weli qiimeeya saaxiibtinnimada.

Subaxnimadaas markii aan bangigii tegey, waxa aan ka soo qaatay lacag caddadkeedu ahaa 1200 oo dollar (US $1200). Lacagtii aan soo qaatay, iyo wixii gacanta iigu jirey ee aan hore u haystay ayaan isu duwaday. Saddex maalmood oo dambe ayaan sii joogey Harare. Dadkii ehel iyo asxaab ayaan soo nabadgyeeyey.

Bishii Ramadaan tobankeedii hore waa galbadeen. Waxa la soo gaadhay xilligii aan Zimbabwe maca-salaamayn lahaa. Hooyo ayaan ka soo ducaystay, ugu danbayntiina waxaan buraashadaydii u soo biyaystay Koonfur Afrika.

Sidii caadadu ahayd jidkaygii hore ee Harare-Beirbridge, iyo Beitbridge-Johannesburg, ayaan soo maray, iyada oo aan cabsidii iyo welwelkii aan qabey maalintii aan Saxarla wadey aan midkoodna jirin. Si nabadgelyo ah ayaan ku soo gaadhey Johannesburg. Muddadii aan ka maqnaa Johannesburg, cagta iyo warkuba way ku badnaayeen Saxarla. Dhawr aag ayaa ku furmay oo dhinac walba weerer kaga yimid: -

1.   Qolo qabiilkeedii soo ogaatay oo saxankii qabiilka u saartay, ama kabankii qabiilka u garaacday. Qoladani anigana kayga ayay soo ogaadeen. Markii la ogaaday in aanu kala xaafado ka nimid, sheekadu waxay noqotay, "gabadhayada maxaa ninka reer hebel daba dhigay." Si kastaba ha ahaatee, kabankaasi ma noqon mid diiriyey Saxarla. Xadhig khaldan ayay ka garaaceen!

2.   Qolo damicii raggu wado oo gabadhan dhallinyarada ah ee qurxoon ee magaalada ku soo biirtay, raba inay hantaan.

3. Qolo ogaatay in jeebkeedu qoyan yahay oo damaaci ka galay jeebkeeda iyo iyada lafteedaba. Iyo qaar kaloo badan.

"Dad la aragyaaba dhib la aragye," waxa aan soo xusuustay hees Xasan Aadan Samatar qaado oo ereyadani ku jiraan: -

"...Haddii laysu deyn labadayada
Talo ma laalanteed
Dad lurtayda jecl baa intaa
Hoosta kaga lammaan..."

Magaaladii Johannesburg xan ayaa isaga gudubtay gees-ka-gees. Cid waliba meesha ay rabto ayay la aadday. Sida qaalibka ah, bulsho waliba waxa ay wax ku cabbirtaa dhaqankeeda. Qofka bulshadaa ka mid ahina waxa uu si gaar ah wax ugu sii cabbiraa, aqoontiisa iyo waayo-aragnimadiisa gaarka u ah ka-qof-ahaan.

Aad iyo aad ayay u adagtahay, in qofka bani-aadamka ahi uu arrin ama dhacdo ka noqdo dhexdhexaad. Waxa jira wax la micno ah ama micne ahaan u dhow *"cululubasho,"* taas oo ah in qofku xaalad ama dhacdo uu la kulmo ama maqlo, dabadeedna uu go'aan malihiisa ku salaysan ka qaato. Waxa jirta, mararka qaarkood inaynu maqallo *"ninkii hebel ahaa wax aan jirin buu iska cululubtayoo, keligiis ayuu cadhayhsan yahay."* Amuuraha noocan oo kale ah waa waxa qolyaha cilmi-nafsigu ugu yeedhaan *"attributional biases."* Ma hayo kelmed af Soomaali ah oo ku habboon. Had iyo jeer dadku dhacdo ay goobjoog u wada ahaayeen, ama looga wada sheekeeyey ayaa laga yaabaa in ay kala si u turjuntaan. *"Attributional bias"* waa waxa sababaya in dhacdadaas qof waliba sida uu jecelyahay u micnaysto. Arrimahan oo kale, ku talogal iyo kutalogal-la'aan labada way u dhacaan (kas iyo kama').

Markii aan Johannesburg ku soo noqdayba, waxa aan la kulmay, dadkii oo ku mashquulsan Saxarla iyo Saxardiid. Waxa lagu sheekaysanayaa "labadan qof maxaa ka dhexeeya." Koox waliba, ama qof waliba meeshii uu rabey ayuu ula kacay. Qaar waxay leeyihiin, "way isqabaan." Qaar baa leh, "isma qabaane hadda ayay is xodxodanayaan." Qaar ayaa leh, "labadooda mid uun baa la dagayaaye toloow waa kee." Qolo kale dhiiggaaba ku kacsan, oo waxay leeyihiin, "Wallaahay wax la qaadan karo ma aha annaga oo joogna in gabadhayadii inankan reer hebel maalin walba hortayada ku xarragoodo." Qolo kale waxay leeyihiin, "ninka Saxardiid jeebkiisa ayaa qoyan oo qoftani way ku dan gaadhaysaa!" Maxaa denbi la korodhsaday.

Waxa jira wax kale la oo la yidhaahdo "xusuus-wadareed" oo bulshadii isku degaan ah ama isku dhaqan ahi ay isla yaqaannaan (collective memory). Arrintaas lafteedu waa muhiim, waxayna qayb ka qaadanaysaa, sababaha keenaya in lagu mashquulo Saxardiid iyo Saxarla. Bulshada Soomaalidu waxay taqaannaa, oo dhaqankeennu sheegayaa, in wiil iyo gabadhi aanay isla banbixin oo ay kala xadaysnaadaan. Arrintaasi waa asluub wanaagsan, oo ka soo jeeda dhaqanka suubban ee Islaamka. Waxa dheeraadka ahi waxa weeye, duruufaha Soomaali qabsaday oo kallifaya si kasta oo aad u dhowrsoon tahay, oo u dhaqan hufan tahay, in marar badan dantu kugu kallifto in aad xadkii ka gudubtid, adiga oo khatar ka weyn raba inaad ka gaashaamatid. Taasina waa ta isu kaaya keentay aniga iyo Saxarla. Waa halka

Soomaalidu ay kaga maahmaado "*haddii fooli timaaddo, gudo qarsi dhimay.*"

Markii ay sheekooyinkaasi isoo gaadheen, sida ay doonaanba ha igu soo gaadheene, ayaa waxa aan ogaaday laba arrimood oo intii hore iga dednaa, dareenkayguna ka qafilnaa.

Sidii aan hore idiin la wadaagay, Saxarla waxay ahayd qof waxbarashada aad u jecel. Muddadii yarayd ee aan Harare ku maqnaa waxa ay go'aansatay in ay waxbarasho isa soo qorto. Kulliyad waxbarasho ayay iska soo diiwaan-gelisay. Waxa ayna soo dooratay maadada saxaafadda (media and journalism). Waxa aan soo noqday Saxarla oo ardayad ah.

Weli, bishii Ramadaan ayaa lagu jiraaye, waxa aan go'aansaday intaa Ramadaanku ka dhammaanayo in aan xog-ururis ku koobnaado. Maalinta Ciidka laga baxona, haddii Eebbe igu simo, in aan laba arrimood mid uun ku dhaqaaqo: -

1. In aan Koonfur Afrika iimaansado, oo aan ganacsi ka bilaabo.

2. Iyo in aan Afrika kasoo googoosto, oo Yurub iyo Maraykan, hadba kii ii sahlanaada aan u ambabaxo.

Labadii arrimood ee aan kor ku soo sheegay, ee ii caddaaday ku soo noqodkaygii Johannesburg, intii horena maskaxdayda ka xidhnaa waxay kala ahaayeen: -

·   B) In ay Saxarla gabadh tahay! Inta aanad khalad fahmin aan kuu bayaamiyo waxa aan u haystay Saxarla markaygii hore, iyo waxa aan uga jeedo "in ay Saxarla gabadh tahay." Laga bilaabo, maalintii aannu masaajidka Harare hortiisa ku kulannay, ee ay duruufaheeda iiga warrantay, indhaha aan Saxarla ku eegayey, waxa ay ahaayeen "Indho qof." Aniga, iyadu waxay ii ahayd qof, iyadana, anigu waxa aan u ahaa "qof." Waxa aannu isu ahayn labadayadu, laba qof oo bani-aadamnimo isu keentay. Indhaha aannu isku eegaynay ma ahayn indho wiil iyo gabadh.

·   T) Arrinta labaad, ee ii caddaatay ama xaqiiqda noqotay waxay ahayd in Saxarla aannu kala qabiil nahay. Markii hore waxaannu labadayadu ka wada tirsanayn qabiilka Bani-Aadamka, jilibka Islaamka. Waxa aannu ka sii ahayn, raaska Soomaalida. Arrintan qabiilka dadka qaar ku suntadeen, marna Saxarla ma aanay aqbalin. Anna in aannu kala qabiil nahay ima gelin. Laakiin, bulshadii ayaa sumaddaa nagu kala calaamadaysatay. Indhaha Soomaalida waxa ay ka tahay "gabadhii reer Higlo," aniguna "wiilka reer Meygaag."

Ramadaantii way isa soo gurtay, waxaana kaabiga noo soo saaran maalintii ciidda. Saxarla gurigii maalintii koowaad ay ku soo degtay ayay weli deggan tahay. Waxbarashadiina weli way waddaa. Iyada lafteedu ma qorshe la'a, ee sidii ay xaaladaha nololeed ula dabaalan lahayd, ama uga dabaalan lahayd ayay hadh iyo habeen khidadahooda dejinaysaa. Inta badan hamigeedu waa dhoof, iyo sidii ay Afrika u weydaaran lahayd.

7

Safar gondahayga ka dhashay

Maalintii bisha Ramadaan ugu danbeysey ayaan subixii soo toosay. Waxa aan soo aadey, meel leh makiinado dharka lagu dhaqdo (qasaalado), si aan dharkayga ugu soo dhaqdo. Markii aan meeshii tegey, oo aan dharkii ku cabbeeyey qasaaladdii, oo saabuuntii ku shubay, qasaaladdiina shaqadeedii bilowday ayaa dareenkaygu igu yidhi, "inta ay qasaaladdu shaqadeeda ka dhammaysanayso, ha dul taagnaane, suuqan aad joogto (shopping mall) bal iska soo indho-indhee." Sidii ayaan yeelay, oo dukaammadii ayaan marba mid galaa oo isha iskala raacaa.

Markii danbe, ayaan ku soo baxay meel tigidhada diyaaradaha lagu iibiyo (travel agent). Sawirradii gidaarka ugu dhegganaa, ayaan isha marba mid la raacay. In muddo ah ayaan iskaga mashquulay sawirradii magaalooyinka waaweyn sida London, New York, Paris, Tokyo, Toronto, Dubai iyo qaar kale oo badan. Marba magaalo ayaan niyadda ka tagaa. Markaas ayaan haddana is-idhaahdaa, tu kale ayaa ka fiicane, tan ha tegin.

Dhawr magaalo markii aan niyadda ka soo maray, oo aan labo ka mid ah Jaamacado kaga soo baxay oo aan Bangiga adduunka iyo Qaramada Midoobay shaqo ka bilaabay, dabadeedna aan Soomaaliya dib ugu soo noqday, ayaa, mar keliya, ninkii dukaanka lahaa

162

iweyddiiyey "Mudane, maxaan kuu qabtaa?" Illeyn riyada ta aad maalintii riyootid ayaa ugu layaab badan. Sababtu waxa weeye cid uun baa kaa dhabqinaysa iyadoo meel fiican kuu maraysa! Uurka ayaan iska idhi, "ninkan baas ee laguu soo diray, muxuu ahaa." Ninkaygii New York dhex mushaaxayey, ayuu igu soo celiyey Afrika!"

Ninkii ayaan si cadho leh u fiiriyey. "In yar isug," ayaan ku idhi. Waan yara fekeray. Waxa ii sawirantay, wixii aan niyadda gashanayey (riyo maalmeedkii), oo run noqday. Si kedis ah ayaan ku idhi, "tigidhka London waa immisa qiimihiisu?" "860 doollar weeye" ayuu yidhi. Kolkaas ayaan haddana weydiiyey "maalintee ugu horreeysa oo aad tigidh ii heli kartaa?" "Galabta toddobada iyo badhka fiidnimo (19:30hrs) diyaarad baxaysa ayaa dhawr kursi ka bannaan yihiin." "Fadlan taa caawa baxaysa tigidh iigu jar!" Ma garanayo, wax uu dareemaye, wuxuu igu yidhi, "ma hubtaa in aad diyaar tahay?" Malaha oogadayda ayuu ka akhristay, in aanan diyaar ahayn. Ma aqaan ilaa iyo hadda, waxa uu su'aashaas ii weydiiyey.

Hase yeeshee, lacagtii ayaan soo saaray oo $900 doollar ayaan miiska u saaray. Lacagtii markii aan miiska u saaray, illeyn Hindi lacag loo sheegay, waa nin Soomaaliyeed oo geel loo sheegay oo kale'e, markuu lacagtii oo hortiisa taal arkay, ayuu rumaystay in arrinku iga dhab yahay. Markaas ayuu go'ansaday in aan lacagtaasi jeebkayga dib ugu noqon.

Meeshii waxa aan ka soo baxay, aniga oo tigidh London ah wata. Caawa diyaaradda baxaysana ku qoran! Hadda waa ninkii u soo baxay in uu dharka soo dhaqdo oo ciidda berri ah isu diyaariyo. Halkaa waxa aad ka ogaanaysaa, in meel kale la inaga hago.

Dharkaygii iyo qasaaladdii ayaan u soo noqday, oo dhammaad ku dhow. Qaddar yar dabadeed, ayaa qasaaladdii joogsatay. Halhaleel ayaan dharkii ugala baxay. Markii aan guriga soo gaadheyba, surwaal Jeans ah, shaati iyo funaanad ayaan kaawiyadda ku duugay. Intii aan kaawiyadda mariyey iyo Jaakad Jeans ah iyo kabo kuwa ciyaaraha ah (trainer shoes), iyo koofiyad yar (baseball cap), ayaan isku jufay.

Dharkan maxaan ku doortay? Waxa aaan rabey, in aan u muuqdo qof aan safarka ku cusbayn oo safar-yaqaan ah. Meelaha Soomalida dhoofaysa laga bidhaansado waxa ka mid ahaan jirtey, marka la arko qof indhaha taagtaagaya, oo suudh cusub oo uu maalintaa soo iibsaday xidhan, oo lagaba yaabo in isaga iyo suudhku "is-diiddan yihiinba!" Dharkaygii kale wixii aan ka qaadan lahaana shandad yar oo kooban ayaan ku canbusay/kuusay.

Ma rabo in dad badani safarkaygan degdegga ah ogaadaan. Axmed Muuse oo ehel ahaan iigu xigey ayaan si gaar ah ugu sheegay safarkayga. Axmed wuxuu ahaa ninka keliya ee meesha joogey, oo waalidkay iyo walaalladay garanaya oo warkayga gaadhsiin kara, hadba waxa aan la kulmo. Ninka labaad ee aan raadsadey wuxuu ahaa nin la odhan jirey Abshir Cabdullaahi Farabadane (AHN). Abshir wuxuu ahaa nin waqtigaas ganacsi yar ku haysta meel Johannesburg ka baxsan. Laba habeen ka hor ayuu Johannesburg ku yimid safar dukaameysi ah. Abshir saaxiibtinnimada iyo ehelnimada noo dhexeysey ka sokoow, waxa aan ka rabey in aan lacag deyn ah ka sii qaato. Kalsooni badan ayaanna ku qabey, haddii uu lacag haysto in aan ka helayo wixii aan uga baahdo.Nin dun wanaagsan oo deeqsi ah ayuu ahaa.

Ilaahay ha u naxariistee, Abshir markii aan safarkayga u sheegayba, waxa aan weydiiyey in uu lacag caddaan ah oo doollar ah haysto. Wuxuu iigu jawaabay, "haa waan hayaa." Waxa aan ka codsaday inaan ka heli karo $500 oo dollar, oo marka aan tago London (haddii Ilaahay inabad geeyo) aan u soo diro. Waxa kale oo aan u sheegay in sababta aan u rabaa tahay, in aan qolada socdaalka ee garoonku haddii ay iweydiiyaan, inaan hayso lacag aan London inta aan joogo isticmaalo, aan tuso in aan lacag igu filan haysto. Abshir sla markiiba jeebka inta uu gacanta geliyey ayuu lacagtii ii tiriyey. Ilaahay ha u naxariiste Koonfur Afrika ayaa lagu dilay Abshir.

Rag kale oo aannu saaxiibbo dhow ahayn oo aan jeclaan lahaa in aan la wadaago safarkayga way jireen, laakiin, halgankii nolosha ee ay ku jireen ee maalinlaha ahaa ayay ku maqnaayeen. Ninka saddexdaad ee aan safarkayga la wadaagay wuxuu ahaa nin la yidhaahdo Ismaaciil. Ninkani waa isla Ismaaciilkii aan mar hore soo xusay ee maxkamaddii Harare ku taalley aannu odayga Soomaaliyeed u wada gurmanney. Ismaaciil gaar baan ula baxay. Meel cidlo ah ayaan la tegey, waxa aanna u sheegay in aan caawa baxayo, sidaa daraaddeed aan u baahanahay in uu garoonka ii raaco, cid kalena aanu xogtayda la wadaagin. Ismaaciil geesinnimo iyo il-furnaan labadaba waan ku xushay.

Qiyaastii saddexdii iyo badhkii galabnimo, ayaannu aniga iyo Ismaaciil xaruntii tareennada ee Johannesburg ka qaadannay tareenkii garoonka u bixi jirey. Markii aannu tareenka ka degnayba, makhaayad garoonka ku taalla ayaanu fadhiisannay. Qaxwe iyo keeg ayaannu dalbannay. Muddo ayaannu meeshii fadhinay. Ku talogalkayaguna wuxuu ahaa, in aannu waqtiga ku dilno halkaas. Sababtuna waxay ahayd, in qorshahaygu ahaa, in aan daqiiqadaha ugu danbeeya, isku soo beego meelaha la isku baadhayo, si aanay qolada socdaalku waqti badan oo ay igaga bogtaan aanay u helin. Ma hubo in ay sidani saxsanayd iyo in kale, laakiin, waa sida dareenkaygu markaa isiinayey. Ismaaciil waxa aannu ku ballanay in uu makhaayadda igaga yara hadho, oo iga danbeeyo, si aan la isugu kaaya arag, korkana uu igala socdo in aan gudbay iyo in kale. Sidii ayuu Ismaaciilna yeelay.

Gegida diyaaradaha ee Johannesburg waxa markaa magaceeda la odhan jirey Jan Smuts International Airport. Ninka gegidan loogu magac daray, ee Jan Smuts, waxa uu ka mid ahaa habaar-qabayaashii dadka madoow dhiiggooda jiqi jirey, ee xabaal-nololin jirey. Waxa uu raysalwasaare ka noqday dawladdii midab-takoorka ee Koonfur Afrika sannadihii, 1919—1924. Nasiib wanaag, hadda waxaa loo beddelay magacii gegidaas O. R. Tambo International Airport.

Oliver R. Tambo waxa uu ka mid ahaa, halgameyaashii gumeysidiidka ahaa. Waxa uu hoggaaminayey Ururkii gobannimodoonka ee ANC sannadihii 1967—1991. Oliver Tambo waa ninkii muddadii dheerayd ee Nelson Mandela uu xabsiga ku jirey u jilibdhigay oo joog iyo jiifba u diiday gumeysigii midabtakoorka ku dhisnaa ee caddaanka tirada yari ay dadka madoow ku bahdili jireen. Halganka ANC waxa uu diiddanaa gumeysiga, iyo midabtakoorka labadaba. Sannadkii 1991, waxa hoggaanka ururka ANC la wareegay Nelson Mandela, oo markaas sannad ka hor xabsiga laga soo daayey.

Isku day kasta oo nololeed dhibtiisa gaar ahaaneed ayuu wataaye, haddii ay intii hore ii sahlanaan jirtey, in aan ukala gudbo xuduudaha dhulka ee qaaradda Afrika, maxay noqon doontaa, iskudaygaygan aan u badheedhayo in aan xuduudda hawada kaga tallaabo. Halkaa waxa ka bilaabmay hawl adag, oo aanan hore u tijaabin. Halkii la isku baadhayey ee ay fadhiyeen saraakiisha laanta socdaalku, ayaan soo gaadhay. Shandad kooban (cabin bag) ayaan jiidanayaa, mid yar oo kooban ayaa ii wehelisa, taas oo dhabarka aan ku wato (rucksack). "Baasaboorkaaga iyo tigidhkaaga keen," ayuu igu yidhi nin ka mid ah cadaankii tirada yaraa ee dalka hore u xukumi jirey." Labadiiba waan u dhiibay. Kolkaas ayuu iweydiiyey meesha aan u socdo.

"London," ayaan ku idhi.

Ujeeddada socdaalkaagau maxay tahay?"

Waxaan u sheegay in aan u socdo saaxiibkay oo arooskiisu dhowaan ka dhacayo London.

"Muddo intee leeg ayaad ku maqnaanaysaa?"

"Toddoba ilaa toban maalmood."

Intaa uu ila hadlayo ninkani, marna aniga ayuu wejigayga eegayay, marna baasaboorka. Ugu danbayntii, "in yar isug," ayuu yidhi, isaga oo u dhaqaaqay meel aan iga dheerayn oo uu yaallo mashiin leh iftiin lagu xaqiijiyo baasaboorada, si loo hubiyo in wax laga beddelay iyo in kale, ama in sawirka laga fujiyey iyo in kale.

Inta uu igu soo noqday ayuu yidhi, "lacag aad ku noolaato muddada aad rabto inaad London joogto ma haysataa?"

Jeebka ayaan gacanta geliyey, oo lacag Laba kun oo dollar ku dhow soo saaray, dabadeedna aan ku idhi, "haa lacag igu filan ayaan haystaa." Jawaabtii xigtay waxay ahayd

"enjoy your journey," ama safar salaama. "Mahadsanid,"
iyo tallaabada oo aan boobay ayaan isku daray.

Ismaaciil oo korkaas igala socdey ayaan jalleecay,
indhaha ayaannu isku dhufannay. Markii aan hubiyey in uu
arkay, in aan laantii socdaalka ka dhammaaday, ayaan
hore socodkaygii u watey. Diyaaradda aan raaci doono
Imaaraadka ayaa laga leeyahay. Johannesburg marka ay
ka kacdo, waxay ay sii fadhiisanaysey Dubai. Halkaas ayaa
lagu beddelayey, oo mid hor leh oo hawlaheeda leh ayaa
laga raacayey Dubai. Soomaali iyo Imaaraadna isuma
dhuuntaan. Yeelkadeeda, waa tii Soomaalidu ku
maahmaahi jirtey, "minjo dhiiqo, midba markeeda ayaa
lala baxaa."

Mar Alla iyo markii diyaaraddii lugaha dhulka ka
qaaday, oo ay hawada sare gashay, iftiinkii magaaladuna ii
muuqdo, ayaan mar qudha labadayda dhinac dhugtay,
mise Saxarla ilama socoto. Kolkaas ayaan isweyddiiyey ma
riyaa waxa kani, mise waa dhab. Waxa aan naftayda
su'aalay, goortii iigu danbeysey Saxarla. Waxa ii soo
baxday, maalintii bisha soon ay ahayd 28ka, oo shalayto
ahayd. Maalinta labadayadu magaalada ayaannu isu
raacnay.

Tan iyo intii aan Zimbabwe ka soo noqday,
maalintaasi waxa ay ahayd, markii koowaad ee aannu
magaalada hoose u dhaadhacno labadayada oo keli ahi.
Waa aannu kulmi jirney maalmihii la soo dhaafay
badankooda, balse inta badan, sida maalintiaas oo kale
gaar isulama aannaan baqoolin dhanka magaalada hoose.

Maalintaa Saxarla waxa ay iiga sheekaysay arrimo
badan oo dhacay intii aan Zimbabwe ku maqnaa. Meelihii
ay ka istaagtay arrimo badan oo wejiyo badan lahaa oo
loola yimidna si tifatiran ayay iigu kala dhigdhigtay.

Dharaartaas, gelinkeedii hore, meelaha aannu tagnay waxa ka mid ahaa xaafadda Hillbrow, oo aannu telefoonno jaban oo sharcidarro ah (bug) ka dirsannay. Casarkii goor ay tahay ayaannu soo ag marnay Shineemo filim cusubi ku dheggan yahay. Kolkaas ayaannu malaha labadayaduba si isku mar ah isha ugu dhufannay. 'Ma galnaa, iyo magalnaa' ayaannu si talantaalli ah isu nidhi. Waxa aannu go'aansannay in aannu filimkaas cusub galno. Filimkaa waxa la odhan jirey "*GOLDEN EYE*." Waxa uu ahaa Filim ayaamahaas la soo daayey oo ka mid ahaa taxanihii "007." Filimkii markii uu dhammaadayna, waxa aannu u soo dhaadhacnay meelihii aannu degganayn.

Waxa kale oo aan xusuustay in aan galabnimadii maanta oo aan safar ahay, intii aannaan garoonka soo aadin, aniga iyo Ismaaciil aannu soo marnay halkii Saxarla degganayd, hase yeeshee, aannu ku soo hungownay. Wax farriin ah markaas gabdhihii ay la degganayd uguma aannan soo dhaafin. Ismaaciil, oo aan dadka isugu dambeynney ayaan u dhaafay in uu si toos ah ugu sheego sida safarkaygu ku yimid, iyo inaan ahay nin Ilaahay wato oo aan qorshihiisa ku socon. Haddii ay maalintii 28ka bisha soon ahayd, maalintii ugu horreysey ee aannu magaalada Johannesburg u wada dhaadhacno, intii aan Zimbabwe ka soo noqday, waxa kale, oo marakan maskaxdayda ku soo dhacday, in sidoo kale maalintaas lafteedu ay noqonayso, maalintii isugu kaaya danbeysey in aannu labadayadu Johannesburg u wada dhaadhacno.

Waxa igu soo duxay biloowgii sheekada hadal aan ku idhi Saxarla oo ahaa "waxyaalo badan oo kaa yaabiya ayaad iga arki doontaa." Halkaa waxa iiga soo baxay safarkaygan Yurub in uu kuwii hore uun ku darsamayo. Nalkii magaalada ee ii muuqday markan wuu iga qarsoomay. Mugdi ayaannu galnay. Waxa ii caddaatay in aan Afrika nabadgelyeeyey. Dabadeedna, waxa aan dib ugu noqday kaydkayga xusuusta suugaanta. Markiiba waxa xagga sare soo martay, hees uu qaado Axmed Cali Cigaal. Kolkaas ayaan dhinacii Johannesburg aan u malaynayey in ay igaga beegnayd, inta aan soo jalleecay aan xagga niyadda uga soo diray heestaas, aniga oo malaysanayay inay dabayshu gaadhsiin doonto Saxarla. Eryada heestaas wax aka mid ahaa;

"...Kuma nicin kumana nicin,
Naxlina kuuma qaadine
Sawtii Nabigu yidhi
Haddaad nolosha qawadaan
Nabadgala'e haajira
Waa laysu soo noqon
Wixii nool adduunyada..."

Salaaddii hore ayaa diyaaraddii cagaha soo dhigatay magaalada Dubai. Dhawr saacadood ayaannu ku hakanayney halkaas. Markii diyaaraddii degtayba waxa aannu u gudubnay hoolka safarka (transit lounge) oo aannu ku nasannay, muddadii diyaaraddii kale in ay kacdo waqtigeeda ka dhinnayd.

Waxa la soo gaadhay waqtigii baadhitaanku bilaabmi lahaa. Sidii markii hore oo kale ayaan dib isu dhigay. Laakiin, markan dadka sidayda oo kale diyaradaha kala beddelayaa ee transit-ka ahaa wax tiro yar ayay ahaayeen. Rakaabka diyaaraddu waxay u badnaayeen, dad safarkoodu Dubai ka bilaabmayey.

Si kastaba hahaatee, markii aan ogaaday, meel lagu sii gabbadaa in aanay jirin, ayaan qoladii diyaaradda wakiilka u ahayd, u tegey. Waa subax Ciideed. Ninkii miiska baadhitaanka fadhiyey ayaan baasaboorkii iyo tigidhkii iyo warqaddii diyaaradda lagu korayey ee kuraasta lambarkooda ku yaalley (boarding pass), u wada dhiibay. Markii uu alaabta gacanta ku qabtay, isagii oo aan kala furinba wuxuu igu yidhi, "Asalaamu Caleykum." Markaas ayaan sidii qof aan maqlayn iska dhigay. Markii labaad ayuu igu yidhi, "Ciid Muraarak." Inta aan sidii qof la yaabban u eegay, ayaan ugu jawaabay, "I don't speak that language". Ma anaa mindiyo la ii qarshaa la igu qali doono!

Markaa dabadeed ayuu baasaboorkii, tigidhkii iyo warqaddii kaleba (boarding pass) iga hubiyey. "Halkan istaag," ayuu igu yidhi. Nin kale ayuu u yeedhay. Ninkii cusbaa ayaa su'aalo iweydiiyey. "Magacaa? Xaggee ka timid? Maxaad London ka doonaysaa iwm." Waxa aan u sheegay magacayga. London iyo wixii aan ugu socdeyna intii aan kii Johannesburg u sheegay in la mid ah ayaan ugu celiyey. Sidii hore ayuu baasaboorkii iftiin (scan) ku hubiyey. Ilaahay waa na kala furtay, oo safarkaaga sii wado ayay sheekadii noogu soo gebagebowday.

Markii aan ka soo dhammaaday qoladii Imaaraadka ayaan saaxiibkay Jaamac Xassan Khaliif *"collect call"* ku soo wacay (waa telefoon lacagta lagu dallacayo qofka aad lahadlayso). Waxa aan u sheegay in aan Dubai marayo xaalkuna caadi yahay, Londonna aan ku sii jeedo. Jaamac hore ulama socon safarkayga, la yaab ayuuna ku ahaa. Markiise uu xaqiiqsaday safarkayga iyo in aan Afrika iskaga soo dhammaaday, aad iyo aad ayuu ugu farxay. Wuxuuna iigu duceeyey, in Ilaahay ii fududeeyo safarkayga. Jaamac waxa aan kula ballamay, in aan lasoo hadli doono, haddii Ilaahay London nabad igu geeyo, wixii aan kala kulmona aan la soo socodsiin doono.

Diyaaraddii labaad ayaanna halkaa igala soo baqooshay. London ayaannu u soo jihaysatay.Goor casar dheer ah ayay diyaaraddii London nagala soo degtay. Sidii Soomaalida badideed caadada u ahayd ayaan magangelyo ka dalbaday garoonka gudihiisa. Intii aan garoonka London joogay ayaan mar kale Jaamac Xasan Khaliif telefoon "collect call ah" kula hadlay. Waxa aanna u sheegay in aan London soo nabad gaadhey.

Dadka Soomaaliyeed, marka ay magaalo cusub soo galaan, inta badan, waxa ay soo beegsadaan, cid ay ama saaxiib yihiin, ama qaraabo yihiin. Nasiib wanaag, aniga rag aannu labadaba nahay ayaa London degganaa.

Markii aan ka dhigey telefoonka saaxiibkay Jaamac, waxa aan soo wacay Axmed Cabdullaahi Macallin-Xirsi iyo Mukhtaar Yaasiin Cali Shire (AHN) oo London degganaa. Labadan nin waxa ay ahaayeen dadkii aan rabey in aan gurigooda ku soo dego. Markii aan dhowr goor soo wacay oo aan waayey cid telefoonkii iga qabata, welina aan garoonkii diyaaradaha joogo ayaan go'aansaday in aan tagsi qaato, maadaama aan hayey cinwaanka gurigooda.

Lacag boqol doollar ah ayaan sarriftay. Garoonka gudihiisana waxa aan ka dalbaday tagsi. In yar dabadeed, waxa ii yimid nin tagsiile ah oo wata boodh magacaygu ku qoran yahay. Ninkii ayaan u sheegay cinwaanka guriga aan u socdo.

Nasiib wanaag, gurigu maba ahayn meel garoonka ka durugsan. Muddo kooban gudaheed ayaannu gurigii soo gaadhnay. Albaabkii ayaan gargaraacnay. Cidiba ma joogto guriga. Ninkii tagsiga wadey intii aannu jidka soo soconnay ayaan usoo sheegay in aan dhawr mar maanta guriga soo wacay, ha yeeshee, aan marna la iga qaban.

Telefoonnada gacantu waa jireen xilligan, laakiin, dadka tiro kooban ayaa haysatay. Ninkii tagsiilaha ahaa markii gurigii cid naga furta aannu weyney, horena aan ugu sheegay in telefoonka guriga la iga qaban waayey, ayaa shaki ka galay guriga in la deggan yahay iyo in kale. Waxa uu iweydiiyey, "goorma ayaa kuugu danbeysay oo aad gurigan cid kala hadashay?" "Shan maalmood ka hor ayaa iigu danbeysey, oo aan mar telefoon kula soo hadlay."

Nin Hindi ah ayuu tagsiiluhu ahaa, wuxuu igu yidhi, "suuq aan inaga fogayn ayaan wax ka soo iibsanayaaye, ka warran haddaad iskala kay socotid inta aan adeegayga soo dhammaysanayo. Hadhoowna aan dib kuu soo celiyo, waa intaas oo cid uun intaa aynu maqannahay guriga timaadaaye." Si niyad ah ayaan ugu mahadceliyey ninkii, sababta oo ahayd qaboow ba'an ayaa dhacayey, aniguna nin markaa Afrika oo kulul ka yimid ayaan ahaa, hu'ga aan xidhnahayna, ma ahayn mid iga difaaci karayey qabowga London ka dhacayey markaas.

In yar oo ilaa 500-600 oo tallabo ah, haddii aan gurigii ka soo dhaqaaqnay, waxaan arkay gabadh Soomaaliyeed oo lugaynaysa. Tagsiilihii ayaan ku idhi, "ii jooji gabadhan ayaan kaaga hadhayaaye." Wuxuu iweydiiyey, "oo miyaad garanaysaa?" Waxaan ugu jawaabay, "waa gabadh Soomaaliyeed oo garasho iigama baahna ee ideji waad mahadsan tahaye."

Waa meel Ilaahay wax ka wadaaye, "Salaamu Caleykum walaal," ayaan ku bilaabay gabdhii. "Caleykum Salaam," ayay tidhi. Isla markiiba waxay tidhi, "Alla waa Saxardiid! Waryaahee ii warran." Markaas ayaan anna gartay. "Alla waa Suleekha! Walaal waa nabade ii warran." Suleekha bilowgii sagaashanaadkii ayaannu

Nayroobi deris ku ahayn. Salaan dabadeed, waxay isu'aashay, "walaal horta berigii Maraykan baad naga aadday saw ma ahayn?"

"Maya walaal, ma aadine dhanka Afrikada Koonfureed ayaan u tacabbiray. Hadda ayaan ka soo galaye, ma meelahan ayaad deggan tahay?"

"Maya walaal, waan ka yara durugsannahay, ee dukaankan hiliblaha Soomaaliga ah, ee inaga dambeeya ayaan u imid inaan wax ka iibsado," iyada oo gacanta iigu tilmaamaysa, dukaan naga yara danbeeya oo dhanka midigta jidka ka saran, oo ay ku qoran tahay "Yusuf Halal Meat."

Intaa markii aannu Suleekha isdhaafsannay, ayaan uga warramay, in aan gegida diyaaradaha hadda ka soo baxay, gurigii aan u socday oo aan naga fogeynna aan soo maray isaga oo xidhan. Waxaan ugu sii daray in ay iyadu tahay qofkii ugu horreeyey ee Soomaali ah oo aan la kulmo. Suleekha markiiba waxay tidhi, "walaal, ina keen guri halkan ah oo aan inaga durugsanayn ayaan ku sii geynayaaye."

In ka yar 50 tallaabo guri noo jirey, ayey albaabka gargaraacday. Nin ayaa naga furay. Waxa ay u sheegtay xaalkayga. "Soo dhowoow walaal," ayuu yidhi, oo inta shandaddii iga qaaday meel ii dhigay. Suleekhana markii ay gurigii igu hubsatay ayay naga tagtay.

Ninkii shaah ayuu markiiba iigu tuuray. Markii aan koob kulul oo caano leh ka laacay, dhaxantiina iga kacday, ayaannu sheekaysannay, wuxuu noqday Axmed Ciise Dhalac oo aanu isgaranayno. Axmed bariis dabka u saarnaa ayuu ka soo riday. Xaqiiqdii bariis aad u macaan oo aan u qaadan waayey in uu nin Soomaali ahi kariyey ayuu ii keenay.

Nin sheeko macaan oo soo dhoweyn fiican ayuu
Axmed ahaa. Muddo saacad ku dhow markii aannu
sheekaysanayney, ayuu jaakad culus ii soo saaray oo yidhi,
"bal hadda ina keen aynu gurigii soo fiirinno. Labada nin
ee aad u socotid, ee Axmed iyo Mukhtaar waa niman
aannu aad iyo aad isugu dhownahay sheeko-wadaagna
nahay, wax badan oo kalena naga dhexeeyaane. Shaqada
waxay soo dhammeeyaan lixda galabnimo'e." Illeyn war
baanan u hayne, nimanka aan u socdo iyo Axmed Ciise
Dhalac waaba niman isu war haya oo dhinacyo badan
iskaga xidhan. Ilaa boqol tallaabo markii aannu gurigii
Axmed Ciise ka soo soconnay, ayaannu telefoonka jidadka
galnay. Lambarkii guriga ayaannu garaacnay. Mukhtaar
Yaasiin (AHN) ayaa iga qabtay.
"Hello, waa kuma."
"War waa Saxardiid ee iska warrama."
"Maanta ma Zimbaabwe baa, mise waa Malawi, mise waa
South Africa?" isaga oo qoslaya.
"Mayee waa meel aan kaa fogeyn; waa Western Road!"
"Western Road-kaasi muxuu ahaa!"
"Waa kan gurigiinna ku dhow ee looga leexdo Derley
Road!"
Intaa markii aan idhi, ayaan telefoonkii ku dhigay. Halkii
ayaannu ka lugaynay aniga iyo Axmed, saddex daqiiqo
gudahoodna albaabkii ayaan ku garaacay.
Safarkaygu la yaab iyo lama filaan kama ahayn
dhanka Johannesburg keliya, ee sidaa oo kale London
lafteeda cidi igama war hayn in aan u soo baxayo, oo la
yaab ayuu ku noqday.
Salaan ehel isu boholyoobay dabadeed, waxaan
nimankii aan u imid ka codsaday, in aan u baahanahay in
aan dadkii aan ka soo ambobaxay la hadlo, oo u sheego in

aan nabad tegey London. Ciddii ugu horreysey ee aan la hadlay waxay ahayd eeddo Khadiija Raage (AHN) iyo Zimbabwe.

Waxa aan u sheegay, in aan London kala soo hadlayo. Eedo Khadiija aad ayay iigu faraxday. Wax aan ka codsaday in sida ugu dhakhsaha badan ay Habaryartay Aamina Diiriye Goolle iiga gaadhsiiso salaam, una sheegto in aan London tegey, gadaalna aan kala soo hadli doono telefoonkii xafiiska xerada qaxootiga berrito 11ka, haddii Alle idmo. "Waa yahay eeddo aniga igu daa," ayay tidhi, "waa ballan, anaa kaa gaadhsiinaya."

Intaa waxa xigey in aan Saxarla waco. Nasiib wanaag, iyada oo joogta ayaan la kulmay waana la iigu yeedhay. Salaamu Caleykum markii aannu isnidhi, ayey tidhi, "walaal London ma nabad tagtay?"
"Haa walaal waan nabad tegey."
"Alaxamdulillah, haddaad nabad tagtay." Waxa ay ii raacisay in Ismaaciil uga warramay sida safarkaygu ku yimid, si fiicanna ay u fahamtay.

Markii ay hadalkii dhammaysay ayaan ku idhi, "walaal raalli ahoow, waxa ay ahayd, in aan safarkayga kula socodsiiyo, balse, Ilaahay ayaa qaddaray in aan aniga oo aan ku arkin aan Johannesburg ka soo baxo." Saxarla waxa ay ahayd qof iimaan badan, sidaas oo kalena adkaysi badan. In kasta oo aan tuhmay in codkeeda welwel laga dareemi karayey, haddana waxa ay tidhi, "walaal saamaheenna Ilaahay ayaa xukuma, halkaas ayaa bariiskaagu ka qornaa. Aad iyo aad ayaanna ugu faraxsanahay in aad adiga oo nabad qaba gaadhey London."
"Haye walaal waynu soo wada xidhiidhaynaa."

Welwelku kuma koobnayn Saxarla keliya, ee aniga laftayda ayuu ihayey. Aniga oo aan arkin, iyo iyada oo aan iga warqabin, in aan shalay galab ka soo carraabay Johannesburg xanuun ayay igu haysey.

Ugu danbayntii, nabad gelyo iyo nabad gelyo ayaan isdhaafsannay. Telefoonkiina waan dhigay.

Telefoonkaa kolkii aan dhigay, hawl cusub iyo masuuliyad cusub ayaa ii bilaabantay.

8

London

Samayda iyo daabkii
Weli waysa sugayaan
Isna seegi maayaan
Saaxdii naq baa helay
Sahankiina guri gaadh
Saadaashu waa guul
Saxarlana halkeedii

Habeenkii *Loxos* baan London u hoyday. Ereyga "loxos" aan sii jilciyo. Waa habeenka koowaad ee reerku dego sabada cusub. Habeenkaas, wax waliba waa iska qarbo-qarbo. Wax badan ayaa isku dhex yaacsan. Hurdadu, hore uma soo dhacdo. Xooluhu, xerada kuma xasilaan. Waxa xoolaha jidhkoodu diidaa rabadinta cusub. Si gaar ah ayaa habeenkaas loogu soo jeedaa xoolaha, weliba geela oo looga cabsi qabo in uu oodda jabsado.

Habeenkaygii koowaad ee London, wax badan ayaa maskaxdayda ku herdamayey. Waxyaalaha aniga ii gaarka ah, waxa ii dheeraa, welwelka Saxarla oo aan garab iyo gaashaan u ahaa, iyo cidladii aan kaga imid. Uma jeedo Saxarla in ay aniga igu tiirsanayd, oo aan wax walba u ahaa, balse, waxa aannu ahayn labo qof oo iskaabayey.

Lakulankaygii Saxarla ee Zimbaabwe, iyo safarkii aannu soo wada galnay ilaa Johannesburg, iyo muddadii aannu Johannesburg joogneyba, wax badan ayay Saxarla igu biirisay, noloshaydana ka beddeshay. Waxa ay xusuustayda ku soo celisay, noloshii xiisaha badnayd ee Lafoole. Dareenkii ardaydii aannu isku Jaamacadda ahayn, oo maskaxdayda kaba sii baxeysey ayay dib usoo noolaysay. Waxay isoo xusuusisay Khamiisihii aannu gelinka hore Lafoole ka dhaadhici jirney, annaga oo kala hororsanayna basaska caasiyada ah ee dhanka Afgooye ka yimaadda, iyada oo xiisaha Xamar iyo kusoo nasashada dabayaaqada toddobaadku ay na karkabadaynayso. Waxase kaba sii wanaagsanayd, in ay igu dhalisay rajo waxbarasho, rajadaas oo muddooyinkii la soo dhaafay aan meel iskaga tiiriyey.

Arrinta aan habeenkaas ka seexan waayey oo marwalba hortayda imaaneysey, oo aan denbiilenimo ku dareemayey, waxa ay ahayd, in aan ka soo ambobaxay Johannesburg Saxarla oo aan war iyo wacaal toonna ka hayn safarkayga. Marmarka qaarkood, waxa aan isweydiinayey "maxaad la soo carareysey, ma tuug baad ahayd; ma cadow baa ku baacsanayey; ma saacad baa kaa dhaceysey oo waqtiga ayaad la tartamaysey iwm."

Si kastaba ha ahaatee, maalin cusub ayaa iigu dhalatay London. Markii aan soo toosay ayaan daaqadda dhugtay, si aan jawiga ugu kuurgalo. Bishu waa Febraayo. Waa xilli jiilaal ah. Oogada dhulka intiisa badan waxa ku dedan wax cad oo marka aad isha qac ku siiso, aadba moodaysid danbas lagu dul daadiyey. Waa baraf sii sagootiyaya xilliga jiilaalka. Waa harraatidii ugu danbeysey ee xilliga qaboobaha. Dhulka meelaha bannaani wax nabaad ah ma laha. Waa dhul diiran oo xaaluf ah, oo aad

179

mooddid in aan weligeedba bar roobaad ku tiixin, bur caws ahina ka soo bixin.

Illeyn waaba dhul ogaan loogala dagaallamay in aan ugbaadba ka soo bixin. Nabaadka, iyo wasakhda, isku si ayaa looga nadiifiyaa; ishaydu ma ay qabannin wax ciid ama carro ah. Dhirtii ayaan is-idhi jeedaali, mise waa wada soogan yihiin. Geed caleen leh ku arki maysid. Toloow maxaa diirtay. Dhirta qaawan markii aan arkay ayaan markiiba soo xusuustsay odhaah aan maqli jirey intii aan Afrika joogeyn, taas oo ahayd, *"Yurub, lix biloodna dhirta ayaa qaawan, lix biloodna dumarka ayaa qaawan."*

Dumarka laga hadlayaa ma aha kuweenna asturan ee Islaamka iyo Soomaalinnimadu isu raaceene, waa kuwa Ferenji ee iyagu xilliga kulaylaha, iyaga oo *"xarragoonaya"* dharka dhigta. Waxa aad arkaysaa, kuwiiyoo candhasaab iyo cawro-astur yar oo sinaha ku urur.san qaba oo u eg wax qaawan. Xaqiiqadii waa *"qaawanaan dadban"* (semi naked). Waxa aan maqli jirey hees tidhaahda *"dunidu waa caynba cayn, waxaad ceebta u taqaan, qof bay camalkiisa tahay"*.

Dhinicii aad jalleecdaba calool iyo laab cad oo qaawan ayaa ishaadu ku dhacaysaa. Waxa aadba mooddaa inay kugu walacsanayaan. Wallee, adduun kala war la'. Odhaah Soomaaliyeed baa jirta oo tidhaahda *"waxa reer Qudhac ka xishoodo, reer Qansax xarrago ayuu moodaa!"* Aniga waxa ay iigu muuqdaan in ay qaawan yihiin, iyaguse way xarragoonayaan oo kamaba qasna. Laga yaabee dadka reer Yurub in ay la yaabban yihiin gabdhaha Soomaaliyeed ee dharka ku jookhan xilliga kulaylaha ah (waaba la yaabban yihiine). Laga yaabee in ay isleeyihiin *"toloow maxay qarinayaan, oo iska dedayaan, ma cadceedda isu dhigaan."*

Mar danbe ayaan wax ogaan doonaaye, illeyn dhulkii xaalufka u ekaa waa dhul sidaa loogu talo galay. Dhulka oo dhammi waa kala qorshaysan yahay; waa meel laami ah, oo gaadiidka loogu talo galay; meel sida laamiga loo dhisay oo siman oo dadku maro oo aan kurtin ku muda, iyo dhagax aad ku turunturooto toonna lahayn; meel guri ka dhisan yahay; iyo meelo filiqsan oo xaafadaha ku dhex yaalla oo loogu talo galay in lagu nasto, laguna ciyaaro oo loo yaqaan beeraha nasashada (parks). Meelahan lagu nastaa waa meelo had iyo jeer cagaaran, oo abaar iyo aaran isku mid ah.

Habeen-hore, kolkii aannu Saxarla wada hadleyney waxa aan ka qortay laba telefoon oo ay leeyihiin dad ehelkeeda ah oo London deggan. Qiyaastii saacaddu markii ay ahayd 11:00-kii barqonimo, ayaan telefoonkii koowaad garaacay. Waxa iga qabatay gabadh. "Helloo, Salaamu caleykum" ayay ku bilowday. "Wa caleykum salaam, walaal," aniga oo is dhuubaya ayaan ugu jawaabay. Dabadeed si taxadar ku jiro ayaan ku bilaabay in aan u hormariyo magacayga. Aniga oo leh, "walaal magacayga waxa la yidhaahdaa, Maxamuud Ibraahim Jaamac, waxase dadku iigu yeedhaan magaca Saxardiid. Kaas ayaa caan baxay ee dadku badi ii yaqaannaan." Dabadeedna waxaan ku xejiyey in aan xalay ka soo galay Johannesburg. Intaa markii aan israaciyey, gabadhiina ay si miyir ah ii dhegeysanayso ayaan u raaciyey, "walaal lambarkiinna waxa isoo siisay Saxarla, Saxarla Maaweel."

Suubban oo ahayd qofka telefoonka iga qabatay ayaa hadalkeeda ku bilowday; "walaal waaba u baahnayn warkeeda'e, ma garanaysaa meel lagala xidhiidhi karo. Haddana, iyada oo aad dareemayso in warkaygu la yaab ku noqday, ayay u yeedhay Samatar oo walaalkeed ah. "Samataroow waa inan Saxarla u warhayee soo orod."

Intaa dabadeed, ayay sidii qof xograadis ah ii waraysatay. Waxa ay ku bilowday; "walaal iiga warran sidee bay ahayd, waxa noogu war dambeysey iyada oo rabta in ay Zimbabwe ka dhoofto oo la qabtay. Maalin dhoweyd oo aan Addis Ababa la hadlay ayaa ii xigtey, oo la ii sheegay in inan Soomaaliyeed ula baxsaday Koonfur Afrika."

Aad iyo aad ayaan ugu farxay hadalkii Suubban, weliba inta ay ku gebagebeysey, sababtoo ah mar hadday maqashay in *"inan Soomaaliyeed"* uu Saxarla u gudbiyey Koonfur Afrika, inankaas la sheegayaana aan anigu ahay, waxa aan qiyaastay warka aan rabo in aan la wadaago in ay qaddarin doonto.

"Walaal inanka aad maqasheen ee Saxarla gudbiyey waa aniga," ayaan si kalsooniyi ku jirto Suubban ugu jawaabay. "Alla walaal khayr baad qabtaaye bal nooga warran hadda xaggee ayay joogtaa. Sidee ayaa xaaladeedu ahayd?" Aniga oo aan weli u jawaabin ayay Suubban mar kale Samatar la hadashay, iyada oo markan rabta in ay u sheegto qofka ay la hadlayso ka uu yahay, "Samataroow inanka ila hadlayaa, waa inankii la inoo sheegayey ee Saxarla kala soo baxsaday Zimbabwe." Samatar ayaa kolkaas Suubban ku yidhi, "bal hadda inanka ii dhiib aan salaamee oo is barannee."

Samatar oo Suubban ay telefoonkii ku wareejisay, ayaa salaan diirran igu salaamay, mahadnaq kal iyo laab ahna ii raaciyey. Intaa waxa xigtey, in uu iweydiiyo xaaladda Saxarla. Halka ay imminka ku nooshahay. Cidda ay la nooshahay iyo waxa suurtogalka ah ee lala qaban karo. Si faahfaahsan ayaan Samatar ugu warramay waxa aanna u sheegay Saxarla in ay gabdho Soomaaliyeed wada deggan yihiin magaalada Johannesburg. Iyo in ay waxbarasho gashay oo ay isku mashquulinayso. Waxa kale oo aan uga warranay in hammigeeda koowaad yahay in ay ka soo dhoofto Koofur Afrika, haddii ay gacan qabasho hesho. Intaaa waxaan u raaciyey, in ay u baahan tahay in laga caawiyo dhanka nolosha oo ah kirada iyo cuntada labadaba.

Samatar farriintaydu way taabatay. Markiiba waxa uu iweydiiyey, "walaal wixii kale ha inoo danbeeyeene, ma garanaysaa meel aan wax degdeg ah ugu diro."

"Haa walaal," ayaan si degdeg ah oo farxadi ku jirto u idhi, iyada oo aad moodaysid in uu fallaadh caloosha igaga taagnayd iga fujiyey. Dabadeedna, waxa aan Samatar u sheegay, in aniga ogaalkay Johannesburg aanay xawaalad lahayn, laakiin, wax loogu diri karo Western Union-ka.

Kolkaas ayaa Samatar iweyddiiyey, "oo walaal qoladaas maba aanan maqale maxay ahaayeen?"

"Waa shirkad lacagaha lagu diro oo degdeg ah, isla maantaba way ka qaadan karaysaa haddaad u dirtid."

Samatar ayaa haddana igu yidhi, "toloow yaa garanaya meel aan ka heli karo shirkadaas oo ay London kaga taallo." Suubban ayuu weydiiyey, oo ku yidhi, "Suubbaneey walaal miyaad maqashay qolo lacagaha lagu diro oo la yidhaahdo Western Union?" Suubbanna waxay ku jawaabtay, "mayee weligay ma maqal."

Markii aan ogaaday in aan Suubban, iyo Samaatar midkoodna hore u isticmaalin Western Union-ka, ayaan Axmed Cabdullaahi oo ka mid ah raggii aan ku soo degey, oo dhankayga midig fadhiya, weydiiyey meesha laga heli karo Western Union. Axmed intii aan Johannesburg joogay ayuu mar lacag iigu soo diray Western Union-ka. Axmed wuxuu igu yidhi, "anigu xarun ku taalla *Southall Broadway* ayaan ka soo diray." Markaas ayuu Axmed isaga oo og in aanan garanayn meesha uu ka hadlayo sii raaciyey, "*Southall broadway* waa meel aan inaga fogeyn, lug baynu ku tegi karnaa.

Samatar ayaan markaa ku idhi, "*Southall Broadway* ma taqaannaa?" "Haa walaal, waase meel naga durugsan, maanta ma soo gaadhi karo, oo ballamo kale ayaa ii qorshaysnaa," ayuu Samatar yidhi. Intii uu hadlayey Samatar, ayaa maskaxdaydu si xawliya u shaqaysay, iyada oo ay dabada iga riixayso xiisaha ah in aan ku guulaysto in aan isla maantaba Saxarla kaga farxiyo. Samatar ayaan weydiiyey, meesha uu deggan yahay. Wuxuu ii sheegay in uu deggan yahay meel la yidhaahdo Wood Green.

Intaa markii uu ii sheegay ayaan ku idhi, "buugga Yellow pages guriga ma kuu yaallaa."
"Haa walaal."
"Walaal buugga bal waxaad ka fiirisaa Western Union in ay xarun ku leeyihiin Wood Green." Hadalkaasi markii uu afkayga ka soo dhammaaday ayaan markiiba aniguna buuggii "Yellow pages-ka," oo miis agtayda ah saaran tiigsaday, oo si xawli ah aan baadhis ugu dhaqaaqay. In yar dabadeedna laba xarumood ayaan ka helay.

Samatar oo aan weli ii sheegin in uu wax helay ayaan ku idhi, "walaal Samataroow, laba rugood oo Western Union ah ayaa Wood Green ku yaalla." Samatar ayaa isaga oo yaabban iweyddiiyey "walaal adigu markaagii hore ma London ayaad ka tagtay?" Markaas ayaan ku idhi, "Wallee xalay keliya ayaan weligay u hoyday."

"Oo haddaa waxaad u hadlaysaa sidii nin muddo dheer London degganaaye."

Addressyadii ayaan Samatar u tilmaamay bogga ay kaga yaallaan buugga. Markii uu dhugtay ayuu yidhi, "walaal midbaaba agtayda ku yaal, meel aan toban daqiiqo in ka yar u lugeyn karo."

Dhallinyarada uu ku cusub yahay buugga Yellow pages, ee aan hore u maqal ama u arag, buuggaasi wuxuu ahaa buug ay ku qoran yihiin telefoonnada iyo cinwaannada meelaha muhiimka ah. Magaalo walbaana mid ayay lahaan jirtey xogahaas laga raadsado. Guri walba, xafiis walba, iyo goobaha ganacsiga oo dhan waax la geyn jirey nuqul ka mid ah buuggaas. Waxa kale oo la dhigi jirey, inta badan goobaha telefoonnada jidadka. Si kale haddaan idiinku sheego waa google-kii markaa la miciinsan jirey.

Samatar ayaa markaa iweyddiiyey, in aan la wadaago telefoonka Saxarla laga heli karo. Anna meel fogba kama raadine afka ayuuba ii saarnaaye, waan ku boobay. Intaa dabadeed waxa aan siiyey lambarka guriga aan degganahay, si haddii ay ii baahdaan ay iigala soo xidhiidhaan. Lambarkii kale ee Saxarla aan ka qoray wadahadalkayagii ugu danbeeyey ee habeen hore, wuxuu ahaa eeddo Saluugla. Samatar ayaan ka codsaday in uu eeddo Saluuglana igu salaamo, warka Saxarlana uu u gudbiyo, lambarkaygana siiyo haddii ay u baahato in ay ila soo xidhiidho.

Samatar maalintaasba lacag degdeg ah ayuu Saxarla u diray. Anigana wuu ila wadaagay in uu lacag u diray, uguna diray Western Union.

Galabnimadii ayaan aniga oo iska dhigaya "sidii nin Godey soo xoreeyey," ayaan Saxarla telefoon ugu dhuftay. Markii aan helayba iyada oo faraxsan ayay hadal debecsan oo cod naxariis lihi ku ladhan yahay tidhi, "walaal mahadsanid Samatar iyo Suubban waannu wadahadalnay, dhaqaalena way ii soo direen. Alxamdulillaah garab ayaad ii noqotay abaalkaaga ma gudi karo."

"Waalaal Saxarlaay dhib ma leh, waajibaad isaarnaa ayaan gutay," ayaan ugu jawaabay.

"Walaal, waajibaadkaa dadka oo dhammi ma wada gartee, waan kaaga mahadcelinayaa sida aad iila dhaqantay, ilaa maalintii koowaad ee aan masaajidka hortiisa ku kulannay."

"Walaal, ku mahadsanid in aad abaal ii haysid."

Saxarla waxa ay intaa dabadeed ii sheegtay in aanay hubin meesha Western Union kaga yaallo Johannesburg. Markaas ayaan u tilmaamay rug ku taalla, meel la yidhaahdo Carlton Centre. Meeshaasi waa meel aad uqurux badan, oo dukaammo badan, makhaayado wax laga cuno iyo xafiisyo ku urursan yihiin. Aniga iyo Saxarla ayaa maalin aan sidaas usii fogeyn ka soo dukaamaysannay, indhahana ku soo doogsannay. Markaas ayay tidhi, "magacaas Carlton Centre, maskaxdayda ayuu ku wareegayaaye, horta halkee buu ahaa, wax baa laga yaabaa in ay iskaga kay khaldameene."

Aniga oo xusuusinaya Carlton Cente ayaan idhi, "walaal waa meeshii quruxda badnayd ee dukaammada faraha badan ku yaalleen, ee maalintii dhoweyd aad dharka ka iibsaneysey. Shineemadii saw ma xusuusatid aynu galabtii dhoweyd geleyney ee filimkii *Golden Eye*.

"Haa walaal si fiican ayaan u xusuustaa," ayay tidhi Saxarla

186

oo garatay tilmaanta meesha aan ka hadlayo. "Albaabka shineemada marka aad taagan tahay, dhankaaga midigta haddii aad fiirisid waad arkaysaa, waa moolka weyn ee dhismihiisu uguna dheer yahay, uguna baaxadda weyn yahay aaggaas." "Haa, waa runtaa, si fiican ayaan halkaas u garanayaa."

Waxa kale oo aan u soo jeediyey, in ay buugga Yellow pages-ka ee Johannesburg ay ka fiiriso Western Union, waa intaasoo ay ka heshaa meel uga dow Carlton Centre, aniga oo ujeedadaydu ahayd, in ay kala doorato meesha ugu habboon ee ay lacagteeda ka raadsan karto, iyada oo aan cid kale u baahan. "Walaal hadda ayaan si fiiican u xusuustay, waa meeshii aad galabtii lacagta ka soo qaadaneysey."

"Haa, ha u noqon, si fiican ayaad u garanaysaa, waa halkaa lafteeda

"Berrito haddii Alle idmo ayaan aadayaa." Markaas ayaan is macasalaameyney, annaga oo labadayaduba faraxsan.

Sidii ay ballantu ahayd, Saxarla subaxii xigey waxay u dhiilo-dhaansatay, sidii ay lacagtii ehelkeed u diray ay uga soo qaadan lahayd shirakadda Western Union. Duhurnimadii ayaa aniga oo gurigii aan ku soo degay dhanka kore jooga la ii sheegay, in gabadhi Koonfur Afrika iga soo wacday, toban daqiiqo dabadeedna ay igu soo celin doonto. Hoos ayaan u degey, iyo qolkii fadhiga oo telefoonku yaalley. In yar dabadeed aniga oo shaah samaystay, oo markaa salka dhulka dhigay, ayaa telefoonkii soo dhacay. Maba aanan sugin intii uu mar labaad ka dhici lahaaye, hore ayaan kala booday iyada oo aad mooddid inaan ka cararayo in telefoonku iga go'ayo haddaan sugo dhicista labaad.

"Heloo, Salaamu caleykum," ayaan is raaciyey.

"Wa caleykum salaam, walaal Saxardiid, ii warran, waa Saxarla e'," ayay cod naxariis leh ku tidhi.

"Walaal waan ladannahaye, ii warran, maxaa inoo kala danbeeyey."

Saxarla waxa ay markaa ii sheegtay in ay lacagtii soo qaadatay, iyada oo mahadnaqna ii raacisay. "Waa Ilaahay mahaddii," ayaan idhi, "mar haddaad hawl yaraan lacagtaadii soo qaadatay." Waxaanna u raaciyey hadal kaftan ah, "dee imminka waxaan filayaa, in aad Johannesburg si fiican u kala baratay, oo aad khabiir ku tahay." inta ay qososhay, ayay tidhi "hayaay, meeshii la garan waayo, aniga ayaa la iweydiiyaa."

Saxarla waxay iga waraysatay London, iyo axwaasheeda. Ma London baan war u hayaaba, maba oga Saxarla in daqiiqaddii aan London soo galay masuuliyad cusub oo welwelkeeda leh, oo intii maalintaa ka horreysey aan cudurdaar u heystay, in ay garbahayga soo fuushay. "Walaal horta weli wax badan oo aan kaaga sheego London garan maayo. Adigu wax kale kuma garatide, waa uun Johannesburg oo weyn. Dadkuna ka dhaqdhaqaaq iyo dhaqaale roon yihiin. Qaboowga ayaa ah waxa keliya ee aad dhibsanayso markiiba."

"Walaal dadka Soomaalida iiga warran, maxay meesha ku hayaan, waxbarashada iyo shaqada sidee bay dhulkaa ku yihiin?" ayay haddana iweydiisay.

"Laba kala bariday kala war la'" ayaa hore loo yidhi. Haddii ay qalbigayga baadhi lahayd, oo ay heli lahayd waxyaalaha ku loollamaya, Saxarla aad iima aanay sii qodqoddeen. Hees ay wada qaadi jireen Saalax Qaasim iyo Hiba Nuura beydad ku jira ayaa waxay yidhaahdaan;

"...Alloow yaa habeen qudha
Uurkayga qala oo
Quruumaha ku loollama
Ku yidhaa garta u qaad..."

Saxarla waxa aanay ogreyn, in qalbigaygu uu soo jiro Afrika. Waxa aan u sheegay, Insha Allaah bal marka aan magaalada iyo dadka dhexgalo ayaan London warkeeda kula wadaagi doonaa. Waxa is weydiin leh waxa aan uga xantanayo, in ay Saxarla iga waraysato London iyo Axwaasheeda? Maxayse ahayd masuuliyadda cusub oo gaar ii sii fuushay markii aan London cagaha soo dhigtay, oo aan hore ii saarnayn? Waqtiga ayaa su'aalahaas ka jawaabi doona, haddase halkeedaas ha inoogu xidhnaadeen su'aalahaasi.

Sheeko dhoof, iyo maxaa suurtogal ah ayaannu markaa dabadeed galnay. Waxa aannu ku kala tagnay maalintaas, in aannu xidhiidhka joogtayno, oo marba wixii soo cusboonaada aannu wadaagno. Sidaas oo kale, waxa aan ku adkeeyey in ay waxbarashadeeda ku mintiddo oo aanay ka tegin, inta wax uga hagaagayaan.

Gurigii aan degganaa ayaannu qaad u fadhiisannay galabtii xigtey, oo raggii aannu asxaabta ahayn ayaannu waayo-waayo iyo wixii la soo maray iska waraysannay. Waa rag wada waayo-arag ah, oo nin waliba dhawr waddan isaga soo gudbay. Iyada oo aanay naga qasnayn, ayaa telefoon soo dhacay. Axmed Cabdillaahi ayaa qabtay. Waa islaan Saxardiid doonaysa, hoo Saxardiidoow telefoonkan. "Salaamu caleykum iyo waa qofma," ayaan is raaciyey. "Eeddo waa islaan Saluugla la yidhaahdee ii warran, Samatar ayaan lambarkaaga kasoo qaataye." Waa eeddo Saluugla oo wardoon ah. "Wa caleykum salaam, waraxmatullahi wa barakaatuhu."

Dumarka waaweyn waa xarfaan, oo waraysigoodu kan hay'adaha denbi-baadhista iyo haya'adaha sirdoonka kama ood sokeeyo.

"Eeddo bal iiga warran gabadhii Saxarla, ee Ilaahay shimbirka kaaga soo dhigay," eeddo Saluugla.

Aniga oo aad u feejigan ayaan ku idhi, "eeddo way iska ladan tahay wax dhib ahna ma qabto. Imminkana dad Soomaaliyeed ayay la joogtaa. Wax kasta ha soo martee, waa qof xor ah oo dadkeeda wax la qabta"

"Eeddo bal iiga warran meesha ma laga soo bixi karaa?"

"Haa, qofkii baasaboor Yurub ama Maraykan ah hela oo sawir u 'eg ku dheggan yahay, afafka gaaladana wax uun ka garanaya."

"Oo eeddo baasaboor Yurub ah mooyee, miyaan si kale looga soo bixi karayn, oo dadkan wax xambaara ee la sheego meelahaas ma soo gaadhaan miyaa?"

"Walaahi, eeddo haddii loo helo cid kuwaa wax xambaara ka mid ah, meesha Koonfur Afrika weli ma aha meelaha cagta Soomaalidu ku badatayoo waa suurtogal in sidaasna lagaga soo dhoofi karo."

"Eedo Saxardiidoow, xaas ahaan, ama walaalnimo ma loogu dacwoon karaa, oo meesha hawlahaasi ma ka furan yihiin?"

"Wiil Kanada ka yimid ayaan maalin dhoweyd intii aanan Johannesburg ka soo bixin, aan ogaa isaga oo xaaskiisa u dacwoonaya, waxaan meesha ka soo dhoofay iyada oo fiisihii la siiyey oo ay diyaaradda sugayaan."

"Bal eeddo waa dadaalaynaa, waxba hagran mayno, Insha Allah, il baa Ilaahay u furi doonaa".

"Insha Allahu sidaas ayaan Ilaahay ka rajaynaynaa," ayaan idhi.

Aniga oo moodaya in aannu xaajiyaddii kala dhammaannay, ayay tidhi; "Horta eeddo, Saxardiidoow, adigu Saxarla ma dhulkii aad mareyseen iyo Afrika ayaad isku barateen, mise hore ayaad isu taqaanneen?"

Markii ay eeddo Saluugla intaas tidhi, ayaa hadalkii iga gawdh-gawdhmay, oo iskaga kay dhex yaacay! Si kastaba ha ahaatee, waxa aan u sheegay hadal nuxurkiisu yahay, in aannu isku jaamacad dhigan jirney, oo korkaa iska naqaannay, dabadeedna aannu Zimbabwe ku kulannay iyada oo garab u baahan. Sidaasna aan wixii karaankayga ah ka geystay sidii aan dhibka ula qaybsan lahaa.

Aniga oo isleh yaa kaa furfura eeddo Saluugla ayay tidhi, "*Rabbi talo ku filan.* Eeddo waad u gargaartaye, Ilaahay ha kuu gargaaro. Dadka maanta jooga, waaba ku yar yihiin wax garashadaas oo kale lihi."

"Waa qof iyo garashadii ayaan idhi," aniga oo isdifaac galay, xishoonayana."

"Eeddo nabadgelyo waynu ismaqli doonnaa, waadna mahadsan tahay, sida aad gabadhan walaashaa ah ugu gurmatay," ayay eeddo Saluugla hadalkii ku soo afmeertay. "Nabadgelyo," ayaan kor idhi, waxaanse hoosta ka lahaa, Alxamdu Lillaah haddii xaajiyaddii aad kala dhammaateen.

Maalmihii xigey, anigu hawlahaygii ayaan guda galay. Lacagtii aan Abshir Farobadane (AHN) ka soo qaatay inaan dib ugu diro, iyo lacago aniga ii soo hadhay in aan qoyskaygii u diro, iyo hawlahaygii sharciga waddanka, ayaan todobaadkaas oo dhan shaqo ka dhigtay. Waxa kale oo aan raadiyey qoys wax naga dhexeeyeen oo ay iigu war danbeysey, iyaga oo Kenya jooga.

Saddex asbuuc markii aan joogey, ayaan maalintii danbe helay Cabdi Xasan oo reerka aan warkooda doonayo ay qaraabo dhow yihiin. Cabdi Xasan wuxuu ii sheegay in reerkaasi uu hadda deggan yahay dalka Itoobiya, magaalada Nazareth. Waxa aan weydiiyey, in uu ka hayo wax telefoon ah ama cinwaanka sanduuq waraaqaha loogu hagaajin karo. Telefoon iyo cinwaan boosto midna kama aanu hayn. Waxa aan haddana weydiiyey, bal in uu garanayo cid aan ka raadsado meel aan kala xidhiidho reerkaas. Waxa uu isiiyey telefoonka Khadar oo jooga Holland, wuxuuna ii sheegay in aan isaga ka helayo xidhiidhka reerka.

Cabdi Xasan oo ahaa nin reer magaal ah oo macaan saaxiibna aannu ahayn, isna ima weydiin sababta aan u doonayo reerkaas, anna uma sheegin, waxaanba ka baqayey inuu iweydiiyo, aniga iyo reerka waxa naga dhexeeya.

Lambarkii Khadar ayaan ka qaatay Cabdi Xasan. Khadar laftiisu wuxuu ahaa nin aannu si fiican isu garanayno. Isla maalintiiba waxa aan la hadlay Khadar. Reerkii ayuu si guud warbixin iiga siiyey. Lambarkii iyo cinwaankiina waan ka qaatay.

Gees lo'aad kulaylka ayaa lagu gooyaaye, galabnimadiiba telefoonkii reerka ee la isiiyey ayaan garaacay. Telefoonkii waxa iga qabatay, qof dumar ah oo af Amxaari ku hadlaysa. Dabadeedna ereyga "*faligalle*" oo aan maqli jirey iyo magaca Samawada ayaan isku ladhay "*Samawada faligalle*" ayaan idhi. "Samawada" iyo hadal kale oo af Amxaariya ayay haddana israacay. Kolkaas ayaan idhi, "ishi" oo aan aqaannay inay tahay *"haye ama haa."* Ereyadan af Amxaariga ah waxa aan ka bartay niman aannu Malawi wada degganaan jirney. Haweenaydii aannu wadahadlaney, haddana,"*Tinish qooy*" ayay igu tidhi iyo wax kale oo la socda. Waxaan u fahmay in ay u jeeddo "inyar isug."

Muddo ilaa Toban daqiiqo ah ayaan sugay. Telefoonkii ayaan mar labaad garaacay.
"Helloo, Salaamu Caleykum" ayaa qof dumar ah oo af Soomaali ku hadlaysaa israacisay.
"Caleykum salaam, waraxmatullahi wa barakaatuhu, walaal waa Saxardiid qofka kula hadlayaaye, ma Samawadaa?"
"Haa walaal, waa Samawada. Halkee ka soo hadlaysaa walaal, muddo warkaaga waa la la'aaye."
"Walaal London ayaan kaala soo hadlayaa."
"London, aa, ma tii Ingiriiska!" ayay tidhi Samawada oo aan iga filayn meesha aan kala soo hadlayo.
"Haa walaal, London-tii Ingiriiska ayaan kaala soo hadlayaa. Hadda saddex toddobaad ayaan joogaa."
"Maashaa Allah, walaal aad baan ugu faraxsanahay, inaad codkaaga maqlo," ayay tidhi
"Aniguna sidoo kale, aad baan ugu faraxsanahay, in aynu maanta wadahadalno." Markaas kaddib Ayaan, xaaladdadda, iyo reerkii iyo ehelkii oo dhan ka waraystay. Markay reerkii iiga warrantay, in ay dhammaantood wada nabadqabaan, wax dhibaato ahina aanay jirin, ayaan ku idhi "walaal igu wada salaan reerkii, dhammaantood, aabbe iyo hooyona si gaar ah iigu salaan."
"Haye walaallo, aniga ayaa salaanta kaa gaadhsiinaya."
Samawada lambarkayga ayay iga qoratay. Markaas ayay tidhi "walaal waa Ilaahay mahaddii

haddaynu is maqallaye, waxba yaanu telefoonku kugu badane, nabadgelyo. Mar haddaynu telefoonnadii kala haysanno, waynu soo wada xidhiidhi doonaa." Halkaas ayaannu galabtaa isku nabadgelyaynay aniga iyo Samawada. Goobtii telefoonka aan ka dirsanayey, waxa aan ka soo baxay aniga oo aad i mooddo, in aan iska soo rogey culays dhowr tan ahaa oo oogada iga saarnaa.

Dhawr bilood ayaa ka soo wareegtay imaanshahaygii London. Saxarla iyo dadkii ehelkeeda ahaa ee London degganaa muddoba waannu wada xidhiidheyney. Labadii dhallinyarada ahaa ee Suubban iyo Samatar, waxa ay noqdeen, dad cajiib ah oo dun wanaag iyo debecsanaani isu raacday. Tiroba laba goor ayay imacsuumeen, oo aan gurigooda ku booqday. Waxa aannu noqonnay dad qoys ah oo talo wadaag ah. Wax kasta oo arrimaha Saxarla ku soo kordha waannu wadaagi jirney.

Xaajiyaddii Saluugla, iyada lafteeda dhawr mar oo danbe ayaannu wada hadalnay. Mar walbana madaafiic yool-baadh ah ayay agtayda ku dhufanaysey, bal in aan firkanaxo oo dabadeedna aan baqdinta isdhiibo! Xaqiiqdii way iga adkaan lahayd, haddii sheekada aan u sheegayaa aanay run ku qotomin. Waxa Ilaahay igu badbaadshey in waxa aan u sheegayaa ee ku saabsan arrinka Saxarla ay 100% run ahaayeen.

Haweenka waaweyn way adagtahay sida looga lug baxaa, weliba marka arrimuhu yihiin kuwo la xidhiidha dhanka arrimaha bulshada. Wax kasta oo aad istidhaahdo qari, aakhirka si ay ku helaanba way helaan.
Marka meel la iska dhigo, in waxa aan eeddo Saluugla u sheegayo, ay wada run ahaayeen, waxa jirtey, in maalin maalmaha ka mid ah, ay isu'aashay, war aan filayo in ay

meel uun ka soo maqashay, sidii uu doono warkaasi ha ku soo gaadho'e. Warkaasi wuxuu ahaa; in nin Soomaaliyeed oo Johannesburg deggan, shaqo fiicanna ka haysta, uu damac ka galay Saxarla in uu guursado. Eeddo Saluugla waxa ay go'aansatay, in ay sheekadaas ila wadaagto, ujeeddadii ay doonto ha ka lahaatee.

"Eeddo Saxardiidoow, ma taqaannaa ninka la yidhaahdo Samakaab ee Johannesburg deggan?"
"Haa waan aqaannaa, mar baannu kulannay."
"Eeddo waa nin caynkee ah?"
"Waa nin ladan oo shaqo fiicanna haysta."
"Waxa aan maqlay, in uu reer Galool yahaye, ma run baa?"
"Haa, waa sidaas"?
"Eeddo Saxardiidoow waxba kaa qarin maayo'e, waxa isoo gaadhey, in uu Saxarla hunguri guur ka hayo'e, nin reer dhaqan kara, ma kuula egyahay?"
"Ninkaas inta aan ka maqlay, waa nin masuul ah. Aniguse dhaqankiisa hoose war uma hayo."
"Eeddo adiga Saxardiid ahaan, haddii maanta talo lagu weydiin lahaa, gabadhaada ma ku aammini lahayd?"
"Sabab aan ugu diido ma garteen."
Ugu danbayntii ayay eeddo Saluugla iweydiisay, su'aashii biyodhaceedu ahaa. "Eeddo, Saxrala iyo ninkaasi in ay is guursadaan, sidee kuula muuqataa?"
Si lama filaan ah, aniga oo isleh, "yaa kaa furfura xaajiyaddan," ayaan jawaab degdeg ah ku idhi, "haddii Saxarla ay raalli ku tahay, ninkaa Samakaab ahi, dadka aan Johannesburg kaga imid waa ninka ugu habboon."

Ninkaygii islahaa xaajiyadda isdhaafi, bad cusub ayaanba sii galay!

Calaf iyo Cugasho

"Eeddo, maxaad hadalkaa ku tidhi Saxardiidoow?"
"Hadalkee" ayaan idhi, aniga oo dareemay in aan dabin ku
jiro. "Dee hadalkan aad leedahay, Samakaab waa ninka
ugu habboon."

Markaas ayaan yara fekeray, aniga oo isleh
hadalkaagii sababee, ayaan si-Alla isaga idhi, "dee haddii
ay rabto in ay Johannesburg degtona, waa nin ladan oo
dhaqan kara, haddii ay dhoof rabtona, waa nin sharciga
waddanka Koonfur Afrikana haysta, hadday qoys isu
noqdaanna sharcigaas ayay la yeelanaysaa."
"Sharcigaas aad sheegaysid yaan ku xusuustaye, eedo
Saxardiidoow, sharcigii dalkan Ingiriiska ma lagu siiyey?"
Haa eeddo inkasta oo aan kii rasmiga ahaa ee qaxootiga la
isiin, haddana kii kumeelgaadhka ahaa ayay isiiyeen."
"Candhona waa xubine, haddii Ilaahay wuxuun aad dalka
ku joogto kaaga soo qaaday waa khayr."
"Waa runtaa eeddo, Insha Allah sharcigii rasmiga ahaana
wuu iska imaanayaa."
"Waa xaqiiq, wixii aan dhiman. Haddii Alle idmo, kaas
rasmiga ahna waad iska heli doontaa. Oo horta eeddo kan
aad imminka haysatid, saw laguma shaqaysan karo?"
"Haa, bil markii aan haystayba shaqo ayaan bilaabay."
"Maashaa Allah, haddii aad heshay wax aad ku
shaqaysato. Waxba kaalama maqna sharciga weyni."
"Waa sidaa aad sheegtay eeddo."

Halkaa markay sheekadu noo maraysay, ayay xaajiyaddii
tidhi "horta ma ogtahay, haddaad shaqaysatid oo sharciga
kumeelgaadhka ah haysatid, in aad u dacwoon kartid
dadkaaga, sida xaas, carruur, iyo waalidkaa!"
Markii ay intaasi afkeeda ka soo baxday, ayaan ogaaday in
aan beer miino ah ku dhex jiro. Si lama filaan ah ayaan u

idhi "eeddo waan maqlay, laakiin, waa in qofku deggan yahay guri gaar ah. Anigu waxa aan weli la degganahay dhallinyaro kale." Hadalkii halkaa kuma aan joojine, ma garanayo wax iga keenaye, mar qudha ayaan haddana ku daray, "dhinacan galbeedka London, iyo xaafaddahan aannu degganahay way adag tahay in guryo kiro ah laga helo."

Waxaan maqli jirey maahmaah tidhaahda *"riyuhu, iyagaa lugahooda, xananka ku raadsada."* Marka aan is idhaahdo waad ka farobaxsatay xaajiyaddii, waxaan arkaa anigii oo bad kale isku furay.

"Eeddo, dhinacayagan bariga London, guryaha si sahlan ayaa looga helaa, maalin kugu qaadan mayso, inaad guri kiro ah ku hesho" eeddo Saluugla oo godkii aan galay iga saaraysa. Khabiirad ayaa iheshay, dhulka, cirka iyo baddaba isku si uga dagaallami karta.

Talo igu caddaatay; mar kale fekeray; hareeraha dhugtay oo ka raadiyey cid ii miciinta; ogaaday in aan keligay ahay; wejigayga ayaan gacanta ku masaxay mise dhidid waawayn ayaa kor iyo kal buuxiyey. Wax aan raftaba, aniga oo naf-la-caari ah ayay afkayga ka soo baxday "dhinaca galbeedka, ee aan degganahay, meel halka aan degganahay galbeedka ka sii xigta ayaan ka shaqeeyaa eeddo, markaa way adagtahay haddaan bariga dego in aan shaqada ka soo gaadho."

"Dani kaa adag" ayay eeddo Saluugla tidhi. Hadalkaas dhinac aan u qaado ayaan garan waayey. Mar waxa aan is idhi; waxay uga jeeddaa, dantu hadday kugu kallifto adiga oo bariga London deggan, galbeedka London waad u shaqo tegi kartaa. Marna waxa aan is idhi; maya'e, waxay uga jeeddaa, in aan halkayga iska degganaado, oo dan baa

tidhiye aan halkaa shaqada u dhow ee galbeedka London ah iskaga negaado.

Xaqiiqadu waxay tahay, eeddo Saluugla keligeed ayaa og waxa ay hadalkaa uga dan la hayd.

Aniga oo neef-kudinaya ayaan soo tuuray "*tii Allay noqon.*" Eeddo Saluugla oo iyada laftigeeda aan laf dhuun gashay ku noqday ayaa tidhi "haaheey eeddo, waa runtaa, *tii Allay noqon.*"

Way dhici kartaa in aan cidla ka diday. Waa tii maahmaah Soomaaliyeed ahayd, 'layligu biyaha kashiisa ku jira, ayuu ka didaa.' Wayna dhici kartaa, in aan dabin-ka-bood ahay oo aan geli waayey siriq ay xaajiyaddu ila maagganayd.

Toloow, jawaabahan aan wadaadda siinayey, ma iga dhab iyo Lillaahi baa, mise "gole-kagakac" iyo xaajiyadda kaga baxso ayay iga ahaayeen? Ilaah baa xaal og, "*war jiraase Cakaaruu iman!*"

9

Mar kale iyo Hanad yare

Gobanimadu waa hibo
Iyo hadiyad Eebahay
Uu huwiyo aadmiga
Hiddo raac mar bay tahay
Marna hanasho weeyaan
Hoodiyo nasiib iyo
Marna waa habeen dhalad
Hanad baase kulansaday.

Laba toddobaad ayaa ka soo wareegtay, maalintii aan Hanad yare warkiisa, iyo codsigii baafinta ahaaba aan ku soo bandhigay boggayga Facebook. Dadka Soomaalidu waa hal qoys ah. Qoyskaas oo xidid iyo xigto wada ah. Warkii Hanad yare, markii aan soo bandhigayba, waxa wadaagay, faallona ku boobay, dad Soomaaliyeed oo sheekada jeclaystay. Dadkaas waxa ka mid ahaa xildhibaan Maxammed Jaamac oo ka tirsanaa xildhibaannada Maamulka Somaliland.

Xildhibaan Maxamed Jaamac waxa uu markiiba gartay dhaktarka aan ka hadlayey. Anigu dhakhtarka magaciisa koowaad keli ah ayaan markii hore hayey. Qaybta faallada ee farriimaha lagu qoro, ayuu Maxamed Jaamac ku soo qoray sidatan;

"Dr Cali waxa uu Hargeysa ka dhisay cusbitaalka Shifa, waana nin reer S-----r ah, magaciisu waa Dr Cali Axmed Furre."

Waxa aan maqli jirey, "meeshii Ilaahay wax ka wado, dameeraha ayaa waylo dhala." Isla markii aan arkay farriintaba, Maxamed Jaamac ayaan xidhiidh la sameeyey, si uu isugu kaaya xidho aniga iyo dhakhtar Cali Axmed.

Banii-Aadamku, marka ay dhacdo ama arrin arkaan ama maqlaan, waxa la arkaa in dhacdadaasi ay soo xusuusiso, wax kale oo aan markii hore maskaxdooda ku jirin. Waxa xusid mudan, dhacdadan Hanad, in aan Facebook ku qoro, waxa ay ku timid, habeen aniga oo daawanaya telefishanka Al-Jazeera ayaa waxa soo galay, barnaamij ka sheekaynaya hay'ad caawisay hooyiin reer Zimbabwe ah. Hay'addaasi waxa ay hooyooyinkaas u qaybisay dhugdhugley tamarta cadceedda ku shaqeeysa. Dadkaasi waxa ay ku noolaayeen meelo eerigo'an ah, oo buuraley ah. Meelahaasi hore uma lahayn jidad dadka degaannadaasi ku xidha magaalooyinka waaweyn.

Dhugdhugleydii waxa ay hooyooyinkaas u sahashay, in ay waxsoosaarkooda u soo suuqgeeyaan magaalooyinka la deriska ah. Sidaas oo kale, in ay si sahlan uga soo adeegtaan magaalooyinkaas. Muddo kooban ayaa noloshii hooyooyinkaas wax weyni iska beddeleen. Barnaamijkii intii aan daawanayey, ayaa waxa indhahaygu qabteen, buuro iyo waddooyin aan mari jirey oo Zimbabwe dhexdeeda ah. Markaas ayaa Ilaahay maskaxdayda ku soo riday safarkii Masvingo iyo lakulankii "Hanad-yare." Isla habeenkaas ayaan go'aansaday, in aan raadiyo Hanad-yare iyo qoyskoodii gobta ahaa. Barnaamijka Aljazeera ee aan habeenkaas daawaday waxa uu xadanteeyey dareen igu kaydsanaa oo aan la noolaa 26 sannadood. Ballanqaad aan hore naftayda ula galay oo qaan igu ahaa ayuu dhaqaajiyey.

Sida aan maansada kore ku tilmaamay, Hanad gobannimada Ilaahayna waa u abuuray, waxa kale oo aan qirayaa, in lagu ababiyey, oo waalid dun wanaagsani dhaleen. Sida ay aniga ila tahay, waa nin kulansaday noocyada gobannimada dhammaantood.

17 May 2021, ayaa Maxammed Jaamac ii suurto geliyey in aannu wada xidhiidhno aniga iyo Dr Cali Axmed. Ilaahay ayaa ku mahadsan in aannu dib isu helno Dr Cali Axmed. Dhakhtarku si gobannimo leh ayuu noo sooray noona martigeliyey markii aannu mudannay 1996. Waano iyo dhiirrigelin badanna wuu noo soo jeediyey habeenkii aannu gurigiisa u hoyanney.

Dhakhtar Cali markii aannu dib isu helnay, waxa aan uga warramay in aan ahay nin Soomaaliyeed oo sannadkii 1996 ku soo booqday magaalada Masvingo ee dalka Zimbabwe. Waxa aan uga sheekeeyey wixii na dhexmaray waqtigaas, iyo sida aanay weli xusuustayda uga go'in booqashadaasi. Gaar ahaan waxaan u sheegay Hanad oo ah wiilkiisa, kaalinta uu ka qaatay isfahamkii aakhirkii na dhexmaray saddexdayadii dhallinyarada ahaa ee wada socday, iyo Dr Cali.

Dhakhtarku, waxa uu ii sheegay, muddadii uu Masvingo degganaa, in cagta iyo martidu ku badnaayeen, sidaa daraaddeed aannu wada xusuusnayn dadkii soo maray. Waxyaalaha uu ii sheegay dhakhtarku waxa ka mid ahaa, in waqti waqtiyada ka mid ah gaadhi bas ah oo ay la socdeen 25 qof oo Soomaali ah uu shil ku galay magaaladooda meel ku dhow. Markaas dhakhtarku waxa uu jirey dhanka Soomaaliya. Xaaska Dr Cali ayaa dadkaas maqashay, oo u gurmatay ilaa intii ay ka ladnaanayeenna iyada ayaa la tacaaleysey. Markii danbena dhanka Koonfur Afrika u sagootiday.

Dr Cali waxa uu iiga warramay in Hanad-yare, oo aniga xaggayga ka ah "ninka adduunka ugu gobeysan" uu ladan yahay, joogana dalka Jarmalka, isla markaasna uu yahay dhakhtar aqoonta daryeelka indhaha raacday (ophthalmologist). Dr Cali waxa aan ka qaatay lambarka lagala hadli karo Dr Hanad.

Saacaddu dalka Ingiriisku waa toddobadii iyo badhkii fiidnimo (19:30). Dareen xamaasad xambaarsan ayaa jidhkayga xoodaaminaya. Wadnahayga hugun ayaa ka baxaya. Marna tuhun kama qabin gobonnimadii lixjirnimada aan godolkeeda goobjoogga u ahaa, in aysan sii gaammurayn. Xiiso ayaa ii haya in aan la hadlo Hanad 26 sannadood dabadeed. Maalintii isugu kaaya danbeysey, waxa uu ahaa lix jir gobannimo ku cumaamatay. Maankayga waxa haysta suuraddii subixii aannu gurigooda ka sii ambobaxayney. Mar waxa ku soo dhacaya, markii ugu horreysey ee ishaydu qabatay, oo ahayd, isaga oo goor casar-liiq ah hortayadaa soo socda, oo aabbihii gacanta haysta. Mar kale, waxa ii muuqda, annaga oo gurigooda berendeda fadhina, oo irbadihii aabbihii madaxa iga taagey, ay igu turqan yihiin, Hanadna xiisaynayo, in uu nala sheekaysto, oo agtayda uu ka kici la'yahay.

Telefoonkayga gacanta ayaan qaatay. Dhankayga midig waxaa fadhiyay Bilal Haji, oo ah wiilka ugu da'da yar carruurtayda. Lambarkii ayaan garaacay. Qofka aan markan wacayaa waa Hanad-yarihii 1995, oo imminka, 2021 ah Dr Hanad. Telefoonkii markii la iga qabtay, ayaan idhi "Asalaamu Caleykum."

"Wa caleykum salaam, waraxmatu-Allaahi wabarakaatuhu," oo wada socota ayaa Hanad iigu jawaabay. Waxaan ku bilaabay, "iga raalli ahoow waxaan ahay qof qalaad oo aydaan is-aqoone."

"Dhib ma leh walaal," ayuu yidhi.

Intaa dabadeed, ayaan u sheegay in aan lambarkiisa ka soo qaatay aabbihiis, sababta aan ula soo hadlayna ay ahayd dhacdo gurigooda ka dhacday 1995, mar Hanad uu ahaa wiil yar, oo aan ku qiyaasay 7 jir. Dhacdadii markaan uga warramay, hadalkii koowaad ee Dr Hanad waxa uu noqday "SUBXAAN-ALLAH." Waxa uuna raaciyey "ma xusuusto dhacdadaas, oo waqtigaas waan yaraa, 1995 lix sano ayaan jirey. Laakiin, waxa keli ah ee aan waqtiyadaas xusuustaa waxa ay tahay, in aan arki jirey dad Soomaaliyeed oo jidaal ah oo gurigayaga soo mara, iyo marmarka aan Harare tago oo aannu booqan jirney qoysas Soomaaliyeed."

Hanad waxaan uga sheekeeyey 26kaa sannadood in aanu xusuustayda marna ka bixin, oo aan qaddarin iyo xushmo u hayey. Mar walbana aan ku hammiyi jirey in aan helo Hanad. Waxa kale oo aan uga sheekeeyey sida aan ku soo helay oo ahayd qoraal aan Facebook ku faafiyey, oo ujeeddadiisu isugu jirtey, baafin, mahadcelin iyo in wax laga barto dhaqankii gobannimada iyo geesinnimada uu Hanad-yare noo muujiyey 1995.

Intaa markii aan u sheegay ayuu Dr Hanad mar kale ku celiyey "Subxaan-Allah." Kolkaas, ayaan mar kale uga mahadceliyey sidii wanaagsanayd ee qoyskoodu noo marti-geliyey iyo kaalintii uu ku lahaa isagu.

Dr Hanad waxa aan ka waraystay hooyadii. Wuxuuna ii sheegay, in ay ladan tahay, iyada iyo walaalkii ka yar oo magaciisa la yidhaahdo Dr Kaaliye ay magaalo kale deggan yihiin. Waxa kale oo uu ii sheegay, in Dr Kaaliye uu u soo wareegayo dhanka Ingiriiska.

"Salaan iyo mahadnaq iga gaadhsii hooyo iyo walaalle" ayaan dabadeedna u faray. Isaguna, sidaa si la mid ah, ayuu salaan ii soo faray qoyskayga.

Waxana aannu Dr Hanad isweydaarsannay afar sawir, oo labona tahay waqtigii Zimbabwe 1995, labada kalena yihiin sannadkan 2021. Aad iyo aad ayaan ugu farxay markii aan arkay sawirrada Dr Hanad.

1) Sawirka Zimbabwe ee Dr Hanad waxa uu toos ii taabsiiyey iina xusuusiyey wiilkii yaraa ee aabbihii gacanta heystay ee nagula kulmay astaanka baska, ujeeddadiisuna ay markaas ahayd in uu na marti sooro. Waa sawirkii maskaxdayda ku kaydsanaa oo sidiisii ah.

2) Sawirka labaad, oo ay ka muuqato astaamihii Islaamkuna wuxuu ii rumeeyey "humaag-maskaxeed" aan ka qaatay markii aannu wada hadleyney oo ereyadiisa iyo odhaahdiisa ay mar walba ku jirtey "Subxaan-Allah, Maashaa-Allah, Alxamdu-Lillaah, iyo Jasaak-Allah." Aniguna labadaas labadoodii oo midna aan ku galay Harare 1995, kan kalena yahay 2021 iyo London ayaan u gudbiyey.

Dr Hanad waxa aannu ku ballannay in aannu joogto u wada xidhiidhno isna booqanno markii ay noo suurto gasho.

Waxa aan u mahadcelinayaa Allaha ii suurto geliyey in aan Dr Cali iyo Dr Hanad is-maqallo, 26 sano dabadeed. Waxa kale oo aan u mahadnaqayaa Xildhibaan Maxamed Jaamac, oo isagu sabab u noqday in aannu ishelno Dr Cali iyo Dr Hanad.

Markii aannu sheekadii dhammaysannay aniga iyo Hanad, ayaa Bilaal oo dhinacayga fadhiyey hadalkaygana maqlayey iweyddiiyey cidda aan la hadlayey. Bilaal sheekadii ayaan uga sheekeeyey wuxuuna igu yidhi, "waa sheeko xiiso leh, waan jeclaanahaa in aan sidaas Hanad oo kale sameeyo."

1) Labada sawir eek ore waa aniga iyo Hanad 1996 Zimbabwe.
2) Labada hoose waa aniga (London) iyo Hanad (Dortmund) 2021.

10

Saxarla iyo safar cusub

Waddankii Koonfur Afrika, Saxarla waxa ay joogtaa, sannad iyo wax la jira. Waxa caddaatay, in aanay rabin inay sii degganaato. Muddadaa ay joogtay, dad farabadan oo Soomaaliyeed, oo isugu jira, kuwo iyada ka soo horreeyey, kuwo ay isku waqti yimaaddeen, iyo kuwo ka danbeeyeyba, ayaa nolol ka sameeyey Koonfur Afrika oo ganacsiyo ku haysta. Dadkaas rag iyo haweenba way lahaayeen. Badidoodu waxa ay yimaaddeen iyaga oo faro madhan. Weliba waxaa sii dheer in dadkaas badidoodu aanay af aan Soomaali ahayn aqoon. Saxrala iyada oo faroqabsi haysatay, afka Ingiriisidana si fiican u taqaanney, marna uma hollan, in ay wax ganacsi ah isku daydo. Waxa aan maqli jirey Soomaalida oo ku maahmaahda "laabi, labo u la'." Waxa caddaatay, wax aan dhoof ahayn in aanay u cuntamayn.

Wax aannu marba khad isku xidhnaba sidii Saxarla loo soo dhoofin lahaa, waxa Alla qaddaray, in bilowgii sannadkii 1997 Saxarla loo diro baasaboor Holland laga leeyahay. Saxarla ayaan weydiiyey markii ay baasaboorka heshay, inay ku dhiirran karto, iyada oo keligeed ah, inay garoonka Johannesburg ka soo bixi karyso. Si kalsooni 100% ahi ku jirto ayay tidhi, "waan aamminsanahay in aan ka soo bixi karayo, shaki badanina igagama jiro arrinkaas.

Gabadha baasaboorka ku sawiranna, aad iyo aad ayaannu isugu egnahay." Intaa markii ay afkeeda ka tidhi ayaan ku idhi, "hadalkaa aad hadda itidhi, aammin, cid danbena talo ha weydiin."

Hadalkaas dhiirranaanta iyo kalsoonida xambaarsan markii ay Saxarla tidhi, aniga laftayda ayaa aamminay inay soo bixi karayso. Sababtuna waxa weeye, kalsoonida iyo baqdin la'aantu (aniga aragtidayda), waa qaybta ugu weyn ee khataraha socdaalka lagu wajihi karo. Arrin haddii aad marka hore ka baqdid, ha u badheedhin inta baqdintaasi kugu jirto. Haddii ay aniga talo iweydiin lahayd, ka hor intii aanay kalsoonideeda itusin, waxa aan kula talin lahaa in ay xal kale raadiso, oo aanay u badheedhin in baasaboor Holland laga leeyahay ay Johannesburg kaga soo dhoofto. Maxaa yeelay, waxa aan ogahay, in afka maamulka (medium of instruction) ee Koonfur Afrika uu yahay Afrikaans iyo English. Afka Afrikaansku waxa uu la mid yahay afka Holland lagaga hadlo ee Dutch-ka, sidaa daraaddeed, haddii lala hadlo oo wax la weydiiyo waxa dhici karta in ay halkaa ku fashilanto. Meel kale oo aan Koonfur Afrika ahayn baasaboorka kaga soo dhoof, ayaa taladaydu noqon lahayd.

Si kastaba ha ahaatee, horraantii sannadkii 1997, goor galab ah, aniga oo shaqo ka soo rawaxay, ayaa telefoon ii soo dhacay. Waa Saxarla oo Holland timid oo nabad qabta. Waxa kale oo ay ii sheegtay in baasaboorkii ay ku soo dhooftay iyada gacanta ku sidata ay kaga soo degtey Amsterdam oo weliba laamihii socdaalka ee Holland lasoo dhex martay, iyada oo wadatana ay gegidii soo dhaaftay, oo ay sidaa ku guryo timid. Inta badan baasaboorrada la isugu diro Afrika ee lagu soo dhoofo diyaaradda gudaheeda inta ay hawada ku jirto ayaa dadku jeexjeexi jireen. Iyaga oo faromadhan marka ay soo degaanna, gegida ayay magangelyo ka dalban jireen.

Cirku sagalkii muu gabin
Dhulka saac hor laa helay
Senge orodkii muu dhimin
Saadaashu waa guul
Saxarlana dhulkii timi.

Dhawr bilood markii ay Saxarla Holland joogtay, ayaa waxa ay go'aan ku gaadhay, in ay London soo aaddo. Ilaahay kumaba dhibine, baasaboorkii ay markii horeba Yurub ku soo gashay oo qof xigto ahi lahaa, ayay dhegta soo qabsatay. Markan waxa ayba aamminsantahay, in uu yahay baasaboorkeedii dhabta ahaa. Cabsi iyo welwel toonna ma aanay qabin. Sidii ay fileysey, ayaa wax waliba ugu dhaceen. Waxa ay ka soo degtay London. Iyada oo iska daansha-daanshoonaysana meelihii la isku baadhayey oo dhan ayay soo weydaaratay.

Habeennimo Sabti ah, aniga iyo saaxiibaday, ayaa waxa aannu u soo qalab qaadannay, in aannu daawanno ciyaar kubadda cagta ah oo telefishanka ka socotey. Ciyaartaas, waxaa isku herdiyayey, laba kooxood oo waqtiyadaas kulankooda aad loogu xisaabtami jirey, waa Liverpool iyo Newcastle. Raggayada meesha ku daawanayaa, waxa aannu kala taageersannahay, labadaas kooxood. Anigu weligeyba Liverpool ayaan taageeri jirey. Kubbaddu meel fiican bay maraysey. Ciyaaryahan la oran jirey Robbie Fowler ayaa markaa laba gool u dhaliyey Liverpool.

Dhanka kale ee Newcastle, Fostina Asparilla ayaa goolkii koowaad u dhaliyey. Iyada oo markaa David Ginola oo kooxda Newcastle u ciyaari jirey uu geestaa midigta si xarrago leh u soo dhaafay Dominic Matteo oo difaaca Liverpool ahaa, markaa dabadeedna uu kubbaddii laad kusoo kaynaaniyey, isaga oo la beegsanayey Les Ferdinand, iyo Alan Shearer midkood inuu madaxa la tiigsado, ayaa telefoonkaygii gacantu soo dhacay.

Lambarka la iga soo garaacay waa lambarkii Suubban. "Salaamu caleykum, markii la yidhiba, waa cod caan ah oo aan innaba iga gedman karin. Waa Saxarla oo London igala soo hadlaysa! Waxaa mar qudha wada kulmay Les Ferdinand oo madixii uu caanka ku ahaa, kubbaddii la beegsaday shabaqii kooxda Livepoolna gundhada u dhigay, oo markaa dabadeed raggii aannu wada daawanayney ciiyaartu, ay buuq iyo sawan isku dareen, iyo qabashaydii telefoonka Saxarla. Malaha Saxarla waxa ay u qaadatay farxad iyo damaashaad iyada loogu dabaaldegayo. Laga yaabee.

"Walaal Saxarla Ilaah ma ku nabad keenay!" ayaan ku bilaabay.

"Alaxamdulillah walaal waan soo nabad galay, Ilaahay wuu iga indho-saabay qolyihii garoonka London."

"Maashaa Allah, waa khayr." Intaas waxaan raaciyey hadal kaftan ah, "dee imminka waxaan filayaa meel ku celinaysaa ma jirto." Saxarla intay aad u qososhay ayay tidhi, "ma qof baasaboor sharciya wata, ayaa meeli celisaa. Hayaay, war London way sahlantahaye, Maraykan ayaan ugu jiidayaa haddaan doono."

"Walaal aad baan ugu faraxsanahay imaanshahaaga London. Iska naso, haddii Allah idmona waynu is arki doonnaaye."
"Haye walaal Saxardiid, waynu soo wada xidhiidhi doonnaa."
Aniga iyo Saxarla maalintaa wixii ka danbeeyey, xidhiidhkayagu joogto ayuu ahaa.

Muddo ayaa ka soo wareegtay, imaanshihii Saxarla ee London. Bishii Agoosto ee 1998, ayaa la soo gaadhay. Waxa aan galay qorshaha safar miisaan leh oo aan muddo sugayey. Safarkaasi wuxuu ahaa, mid u baahan qabanqaabo ku filan. Waa safar aan rajaynayey, in uu noloshayda wax weyn ka beddeli doono.
Waxa aan markaa go'aansaday, in aan safarkaygaas, iyo diyaargarowgiisaba aan la wadaago Saxarla. Ballan ayaannu qabsannay, waxa aanna ku wargeliyey, in aan maanta rabo in aan xog cusub oo muhiim ah la wadaago. Habeenkaas ballantayada ka horreeyey, labadayada mid waliba, wax baa maskaxdiisa ka guuxayey. Anigu waxa aan ka fekerayey "sida aan ugu sheegi doono, Saxarla xogtan cusub. Sidoo kale waxa aan ka fekerayey, qaabka ay uga falcelin doonto xogtan cusub." Dhanka Saxarla waxa laga yaabaa, in ay ka fekereysey; "toloow waa maxay xogta cusub ee uu rabo, in uu berrito kula wadaago."
Si kastaba ha ahaatee, waqtigii ballanta ayaa la soo gaadhey. Intii aanan xogtii cusbayd u sheegin, waxa aan hadalkaygii ku bilaabay sheeko iska caadi ah, iyo kaftan. Hadal guud oo ka soo bilaabmaysa ilaa Jaamacaddii Lafoole, dagaalladii sokeeyaha, safaradii khatarta ahaa ee la soo maray wadajir iyo keli-keliba, iyo

sheeko dheer. In muddo ah ayaannu taariikhdaas, si wadaag ah, marba meel taabanayney.

Aakhirkii, fursadaha dhulkan yaalla iyo sidii aan uga faa'iidaysan lahayn ayaannu is-hoga-tusaalaynnay. Gaar ahaan, waxa aannu isla meel dhignay in dadaalkayagii nololeed, iyo halgankii dheeraa ee aannu soo marnay uu khasaare yahay, haddii aannaan waxbarasho gelin, halkanna cilmi aannaan ka korodhsan. Halkaa markii ay sheekadu noo mareysey, ayaan baab kale sheekadii u rogay, iyo in aan la wadaago war cusub, oo Saxarla aanay hore iiga maqal. Saxarla waxa aan u sheegay, war lama filaan ku noqday.

Warkaasi wuxuu ahaa, in afartii sannadood ee la soo dhaafay anigu aan ahaa, nin duntu meel ugu xidhan tahay. Nin axdi guur ku jira. Sahankayguna, uu ka horreeyey dharaartii aannu labadayadu Harare sida kediska ah ugu kulannay. Waxa aan ugu soo gebogabeeyey, hadal iyo dhammaantii, "in aannu is cugannay isna calmannay cadrad hadda ku sugan Itoobiya, muddona aannu isa sugayney oo isu samrayney. Waa cugasho ka horreysey intii aynaan labadeennu cagta isla helin."

"Walaal ma kaa dhab baa, mise aniga ayaad igu ciyaaraysaa", iyada oo kala saari la', in hadalka aan u sheegayaa uu dhab yahay iyo in kale.

Kolkaas ayaan ku idhi, "walaal dhabtu waa sidaa. Samawada ayaa meel igu sugaysa, oo qalbigayga meel gaar ah muddo ka degganayd. Waxaanse Saxarlaay kuu sheegayaa, labadeennana xidhiidhkeenna walaaltinnimo, in uu halkaa uu maanta joogo kor uga sii kaco mooyee, in aanu weligii hoos uga dhacayn."

Calaf iyo Cugasho

Nin samraa sideedaba
Ma uu gabo sedkiisee
Saanta meel la dhigayiyo
Soor wixii la cuni laa
Sunne weeye qoranoo
Isa seegi maysaan
Sacyi weeye noloshuye
Wax saciisu dibi dhali
Ninkii seexda fiidkii

Sahan sii horreeyiyo
Saami baa qorshaysnaa
Safarkuna dhakhsuu tegi
Saxardiid warkii saaf
Samawada ayaankeed
Saxarlana nasiibkeed
Saadaashu waa khayr.

Saxarla oo markaa rumaysatay hadalkayga ayaa tidhi, "oo walaal illeyn waaban sigtay!"
Inta aan qoslay ayaan anna ku idhi, "Saxarlaay, anna waxa aanba islahaa qofka sigtay waaba aniga!"
Aniga iyo Saxarla qosol ayaa midkaayaba gees ula dhacay. Ma hubo in qosolkaasi isku dareen aannu ka ahayn. Laakiin, kolleyba filan waa dhanka Saxarla ahi waa jirey.
Markaa ka bacdi, ayaan ufaahfaahiyey inay jirto boqorad ballan guur noo dhexeeyo, oo joogta Itoobiya, waalidkeedka ka war hayo arrinkaas, anna dhowaan aan u ambabixi doono dhanka Itoobiya.
Saxarla oo markan ay xaqiiqdii horteeda timid ayaa tidhi, "walaal guri khayr ayaan kuu rajaynayaa, iyo in Ilaahay qoyskiinna barakeeyo."

Calaf iyo Cugasho

Tixdan ayaana hadalkeedii nuxurkiisu ahaa: -

Safar labo mar wada galay
Oo socoto dheer iyo
Soo saqaafay jiidaha
Oo soor la quutiyo
Sedka oonta wada cunay
Oo saami-qayboo
Isa saacidaan nee
 Warka saaftay adiguye
Samawada nasiibkeed
Aniguna sedkaygiyo
Waan sugi ayaankaye
Adna samadu kuu furan
Salaamaan ku leeyahay

Ducadaas ay ii hibeysey dabadeed, Saxarla ayaan mahadcelin qalbiga ka soo go'day u mahadceliyey. Waxa aanna u raaciyey, inay tahay, "qof qiimo leh, oo karti, adkaysi iyo geesinnoba, Ilaah ku mannaystay. Waxaan ugu daray, "in ninka iyada nolosha la qaybsadaa, uu noqon doono, nin nasiib badan."
"Walaal Saxardiid waad mahadsan tahay, weligay ma illaawi doono kaalintii aad noloshayda ka gashay."
"Walaal, Saxarlaay, dad iskaabay, oo iskaashaday ayaynu ahayn, keligay, wax gaar ah ma geline, wax badan ayaan adiga laftaada kaa korodhsaday, oo aanan weligay illaawi doonin."

Waxa xigtay in aan Itoobiya u ambobaxay, qoys cusubna aan halkaa dhidibada ugu soo taagay.

Calaf iyo Cugasho

Labadii isu ciidmay
Is cawaansaday maalmo
Ceeshka soo wada quutay
Cilcillowga jarmaaday
Mar ciriidda baqoolay
Casar maalin lugeeyey
Kol carraabo wadaagay
Cishe soohdinta jiidhay
Iyagoo is cisaynoo
Caabudkeenna addeeci
Oo cibaadada oogi
Carri soo wada meeray
Calaf waa ma huraane
Cugashaa ka horreeysey.